［英］温斯顿·丘吉尔—著　　　李国庆等—译

## CHURCHILL'S MEMOIRS OF WORLD WAR II

# 丘吉尔二战回忆录

## 同盟的雏形

SPM
南方传媒｜广东人民出版社

· 广州 ·

**图书在版编目（CIP）数据**

同盟的雏形 /（英）温斯顿·丘吉尔著 ; 李国庆等译. -- 广州 : 广东人民出版社, 2024.8. --（丘吉尔二战回忆录）. -- ISBN 978-7-218-17970-4

Ⅰ. K835.617=5 ; K152

中国国家版本馆 CIP 数据核字第 2024KJ8513 号

QIUJI'ER ERZHAN HUIYILU · TONGMENG DE CHUXING

**丘吉尔二战回忆录·同盟的雏形**

[英] 温斯顿·丘吉尔 著　李国庆等 译　　

**出 版 人：** 肖风华

**责任编辑：** 范先鋆　唐　芸
**责任技编：** 吴彦斌
**封面设计：** 贾　莹

**出版发行** 广东人民出版社
**地　　址：** 广州市越秀区大沙头四马路 10 号（邮政编码：510199）
**电　　话：**（020）85716809（总编室）
**传　　真：**（020）83289585
**网　　址：** http://www.gdpph.com
**印　　刷：** 三河市人民印务有限公司
**开　　本：** 787 毫米 × 1092 毫米　1/16
**印　　张：** 10.75　　**字　　数：** 155 千
**版　　次：** 2024 年 8 月第 1 版
**印　　次：** 2024 年 8 月第 1 次印刷
**定　　价：** 58.00 元

如发现印装质量问题，影响阅读，请与出版社（020-87712513）联系调换。
**售书热线：**（020）87717307

# 《丘吉尔二战回忆录》 译者

（排名不分先后）

| | | | | | |
|---|---|---|---|---|---|
| 李国庆 | 张　跃 | 栾伟霞 | 曾钰婷 | 刘锡赟 | 张　妮 |
| 李楠楠 | 汤雪梅 | 赵荣琛 | 宋燕青 | 赖宝滢 | 张建秀 |
| 夏伟凡 | 王　婷 | 江　霞 | 王秋瑶 | 郑丹铭 | 姜嘉颖 |
| 郭燕青 | 胡京华 | 梁　楹 | 刘婷玉 | 邓辉敏 | 李丽枚 |
| 郭轶凡 | 郭伊芸 | 韩　意 | 李丹丹 | 晋丹星 | 周园园 |
| 王瑁珽 | | | | | |

战争时：意志坚定
战败时：顽强不屈
胜利时：宽容敦厚
和平时：友好亲善

# 致　谢

　　我应再次向帮助我完成前几卷的各位朋友致谢，他们是：陆军中将亨利·波纳尔爵士、艾伦海军准将、迪金上校、爱德华·马什爵士、丹尼斯·凯利先生和伍德先生。对于审阅过原稿并提出意见的许多其他人士，我也表示谢意。伊斯梅勋爵以及我的其他朋友一直为我提供帮助。承蒙英王陛下政府准予复制某些官方文件的文本，此类文件的王家版权属于英王陛下政府文书局所有，特此致谢。遵照英王陛下政府的要求，为了保密起见，本卷①中所刊载的某些电文曾由我根据原意加以改写。这些更动，并未改变其原有的含义或实质。

---

　　①　原卷名为"伟大的同盟"，现分为《海陆鏖战》《战局扩大》《全方位的争夺》《援苏联美》《同盟的雏形》《美国入局》六册。——编者注

# 前　言

　　本卷（《海陆鏖战》《战局扩大》《全方位的争夺》《援苏联美》《同盟的雏形》《美国入局》）和其他各卷一样，只是为第二次世界大战这段历史提供史料。这段历史是从英国首相兼任对军事负有特殊责任的国防大臣的角度来叙述的。因为军事问题在很大程度上是直接属于我的职责范围，所以对于英国进行的战役我都谈到并且作了相当详细的叙述。但关于盟国的斗争，除了用作背景铺垫外，则无法一一叙述。为了尽量求得公正，这些战役情况应留给它们本国的历史家，或将来更接近于通史的英国著述去记载。我承认我不可能使这些记载的篇幅比例相同，因此我便力求将我们自己的历史事件写得真实一点。

　　主要线索还是我日常指挥作战和处理英国事务的一系列指令、电报和备忘录。这些全都是原始文件，是随着事件的发展而引用的。因此，与现在事情结束后我可能写出的任何著述相比较，这些文件是更确实可靠的记载，而且，我相信，它们能更确切地说明当时所发生的事件和当时的看法。在这些文件中，虽然包括一些后来证明是不准确的意见和预测，但是我希望通过整个文件可以判断我个人在这次战争中的功过。只有这样，读者才能了解在当时的知识水平的局限下我们必须处理的实际问题。

　　对我函电的答复，往往是政府各部门冗长的备忘录。刊载这些文件，一是篇幅不容许，二是在许多情况下我也确实没有这种权力，因此，我谨慎地尽可能避免对个别的人有所指责。只要有可能，我都是力求对复电进行概括的叙述，但是，总的说来，这里刊用的文件是可以说清楚情况的。

　　我们在本卷中要再一次谈到大规模战争。在苏联前线的战斗中双方投入的师的数量和投入法兰西战役的师的数量相当。在一条比法兰西战线长得多的战线的各个据点上，大量军队进行鏖战，杀戮之多，不是这

1

次战争中其他地区的杀伤情况可以比拟的。对于德国和苏联军队之间的战斗，是作为英国和西方盟国行动的背景才谈到，超过这一点之外恕我无法提及。1941 年和 1942 年苏联的英雄史值得人们进行详细的、冷静的研究，并用英文记述下来。外国人要想叙述苏联人的痛苦与光荣，没有便利的条件，虽然如此，还是应当努力。

希特勒进攻苏联，给这一年里的风风雨雨划上一个句点：在这一年中，大不列颠和它的帝国单独作战，不但没有气馁，还在不断地增强力量。六个月以后，美国受到日本的猛攻，成为我们全心全意的盟国。我们的联合行动，早在我同罗斯福总统的往来函电中就事先打好了基础，因此我们不但可以预测我们作战的方式，而且可以推断我们行动的后果。整个英语世界在作战方面有效的合作和伟大同盟的建立，构成了我这一卷书的结尾。

温斯顿·丘吉尔
于肯特郡，韦斯特勒姆，恰特韦尔庄园
1950 年 1 月 1 日

**目录**
CONTENTS

# ONE

波 斯 与 中 东

英苏对波斯的需求——联合行动的必要——决定与苏联共同行动——反抗的兵力——战役开始——波斯国王投降——英苏协议——开拓新的苏联供给路线——马耳他需要部署海面舰队——"K"舰队的诞生——沙漠战役优先——大炮对坦克——高射炮对地面部队的掩护

由于我们需要向苏联运送军火和各种物资，且北极航道危险丛生，加之波斯具有的战略价值，我们十分渴望能够在波斯全面开辟一条通往苏联的通道。波斯油田是引起战争的一个主要因素。德国使团已经安置在德黑兰，且人数众多、活动频繁，因此德国在当地威望很高。镇压了伊拉克叛乱和英法占领叙利亚，打消了希特勒东进的计划。我们欢迎苏联跟我们合作，并向他们提出了合作计划。我对于发动波斯战争并非没有一点儿顾虑，但主战的理由无可争辩。我很高兴，韦维尔将军将在印度指挥军事行动。

1941 年 7 月 11 日，内阁委员会希望三军参谋长仔细考虑，万一波斯政府拒绝驱逐在波斯的德国人，英国是否要跟苏联携手采取联合行动。7 月 18 日，内阁建议对波斯政府采取强硬态度。这一建议同样得到了韦维尔将军的支持，他于 7 月 10 日向陆军部发去如下电报：

在我看来，计划对波斯采取恭敬态度让人觉得不可思议。为了印度的安全，现在应立即驱逐波斯境内的德国人，否则，就会出现类似在伊拉克发生的叛变事件。我们有必要就波斯问题跟苏联合作，如果波斯现任政府不愿合作，那么它就不得不让位给愿意合作的政府。在苏德战局悬而未决之时，我们要施加最大压力以达到目的……

21 日，我回复韦维尔将军：

首相致韦维尔将军：

内阁将于明日讨论波斯局势。我基本同意您的观点，赞成英苏两国向波斯下达最后通牒，要求立即驱逐当地的德国人，否则后果自负。问题是，万一遭到拒绝，我们是否有兵力可用。

1941 年 7 月 21 日

三军参谋长建议，我们的行动应仅限于南部，且至少需要一个师和一支空军来保护油田。这支军队只能从伊拉克调集，但目前伊拉克的兵力都不足以维持内部治安。参谋长得出的结论是，如果我们要在未来三个月内派遣一支军队进入波斯，那么必须从中东调集军队来补充伊拉克的兵力。

7 月 22 日，我收到来自外交大臣的备忘录，他阐明了对当下局势的看法：

外交大臣致首相：

今晨，我认真考虑了对波斯施压之事。越深入研究这件事便越清晰：一切都取决于我们是否能够在伊拉克集结一支强大的军队，这样才能保护波斯油田。在我们的军事力量足够强大之前，即使是施加经济压力，也是极其危险的事，因为波斯国王清楚地知道油田对于我们的价值，如果他看出我们之间势必产生纠纷，他可能会先发制人。

据可靠线报显示，波斯已经在苏联边界、伊拉克边界和油田地区集结军队。我希望我们能够全力强化我们在伊拉克的兵力。如果我们能够在苏联遭到反击前完成这一目标，那

么我们便还有希望让波斯听命于英国而不致诉诸武力。但是，我们断不可在军事行动之前采取外交手段，否则只会招致大祸。

我们需要在伊拉克加强兵力还有一个原因。若苏联战败，我们不得不孤军奋战抢夺油田，在此情形之下，德国会向波斯施加压力要求驱逐我们，这种压力难以抵抗。

1941 年 7 月 22 日

\* \* \*

虽然波斯行动已作了周密策划，但我并不满足于此。因此，我在 7 月 31 日前往普拉森夏湾的前夕下达了指令，要求在枢密院长的主持下就这一问题设立一个专门委员会。

我认为此次行动意义重大，涉及的问题包括如果波斯不从我们便会开战，但这一行动却未得到相应的重视。我认为这一行动是必要的，且还需各部门之间作进一步的探索、协调和联系，不仅是外交部和陆战部之间，还包括中东司令部和印度政府之间。我们切不可轻举妄动，做出清晰计划之前，定要考虑到种种不测，例如，如果阿瓦士油田附近的波斯部队逮捕所有英波石油公司的员工做人质，我们将如何是好？巴赫蒂亚山区和当地居民会是什么态度？德黑兰的英国居民将会怎样？波斯人会不会宁愿摧毁油田也不愿让其落入我们手中？我们必须小心谨慎，不能因轰炸德黑兰而酿成暴行。在当地居民和政府的抵抗之下，我们的部队是否足够占领阿瓦士油田？我们打算向北推进多远？有哪些飞机场可用？如果波斯人拒绝协助，我们将如何运作铁路？

这些及许多其他问题都亟待考虑。如果枢密院大臣和外交大臣、陆军大臣、印度事务大臣能重新审查此事，并于下周初向战时内阁报告，那将再好不过。与此同时，一切必要的准备行动都要跟进。我支持这项行动政策，但此事事关重大，我们必须事先考虑到所有后果，反复研究可能发生的情况，制定并批准周密详尽的计划，此后才能够采取行动。

我确信，这两个读音相似的国家——伊朗和伊拉克会造成混淆。

首相致外交大臣、爱德华·布里奇斯爵士和伊斯梅将军：
　　在不造成困扰的情况下，请用波斯代替伊朗。伊朗和伊拉克名称极为相似，很容易产生错误，导致危险。在方便的场合，请在波斯后加括号写伊朗。
　　当然，在与波斯政府的正式函电中，应使用他们喜欢的称呼。
　　　　　　　　　　　　　　　　　　　　1941 年 8 月 2 日

随后，我发出以下指示：

首相致新闻大臣：
　　在不引起麻烦的情况下，请用"波斯"代替"伊朗"。
　　　　　　　　　　　　　　　　　　　　1941 年 8 月 29 日

我很高兴，波斯政府如今（1949 年）已正式接受了这一称呼。

一方面，该专门委员会在我出海时发送电文告知我工作进展，他们的工作已经得到内阁的批准。8 月 6 日的来信表明，波斯人不会顺遂我们心愿驱逐德国特工和居民，我们可能要诉诸武力。我们的下一步便是要与苏联协调外交和军事计划。8 月 13 日，艾登先生在外交部接见了麦斯基先生，就双方向德黑兰提出的照会达成了一致，这一外交行动将是我们的最终态度。麦斯基先生告诉我国外交大臣："递交备忘录之后，苏联政府愿意采取军事行动，但没有英国的加入，我们是不会采取此类行动的。"听闻此消息之后，我（8 月 19 日）批示道："苏联观点合情合理，我们应抓紧时机与其合作。"

我们现已投入行动。为了防止波斯的抵抗超出我们的预测，我们必须考虑增援中东。8 月 24 日，即我们打算向波斯进军的当晚，我向三军参谋长发去如下备忘录。

> 我们必须立即对东部进行增援。据说印度第十师的每个旅并未配备英国营，此事是否属实？如果属实，必须尽快向奎南将军运送三个英国旅。既然奥金莱克将军打算在若干星期内在西部沙漠按兵不动，就应指示他派遣更多军队向东行进。现在至少应有另外一个师，加上上述三个英国营开始调动。如果一切进展顺利，便可以轻易调回这支部队。请让我知晓埃及可调遣的军队。第五十师的最后一个旅现在何处？无疑，塞浦路斯暂无危险。

鉴于波斯政府的抵抗，正在伊拉克指挥的奎南将军于 7 月 22 日接受命令前往波斯作战，夺取阿巴丹的炼油厂和油田，以及北部二百五十英里靠近哈纳金的油田。波斯对英苏 8 月 17 日函件的答复并不如人意，于是我们两国将进攻波斯的时间定在 25 日。哈维将军指挥的阿巴丹战区的英帝国军队有第八印度步兵师。斯利姆将军指挥的哈纳金战区的英帝国军队由第九装甲旅、一个印度坦克团、四个英国营和一个英国炮兵团组成。支援作战的空军包括一个陆空联络机中队、一个战斗机中队和一个轰炸机中队。我们的首要目标是夺取油田，第二目标是攻入波斯，并在苏联的配合下控制波斯的交通，开辟一条通往里海的通道。我们预计在南部战线可能会遇到两个波斯师（拥有十六辆轻型坦克）的抵抗，在北部会遇到三个师的抵抗。

阿巴丹的炼油厂由一个步兵旅夺得，该旅在巴士拉登上海军军舰，于 8 月 25 日黎明登陆。大部分波斯部队猝不及防，纷纷乘卡车逃走。双方发生了巷战，我方缴获了几艘海军军舰。同时，第八师的其他部队从陆上夺取了霍拉姆沙赫尔港，还有一支部队北上进攻阿瓦士。正当我们的部队逼近阿瓦士时，波斯国王发出了"停战"指令，波斯将军命令其军队回到了军营。我们轻易拿下了北部的油田，且斯利姆将军的部队还向北沿着公路向克尔曼沙赫推进了三十英里。然而，他们

现在面临着险峻的佩塔山隘，如果碰到严防死守的军队，这山隘定会成为一大阻碍，因此，我们派了一支纵队从南面包抄。这支纵队战胜部分敌军之后，于 8 月 27 日抵达波斯防线的后方——沙赫阿巴德。这次行动配合着几次轰炸，威力巨大，防守山隘的敌军很快便弃地而逃。我们重新向克尔曼沙赫进击，并于 28 日发现敌军就在公路对面某处集合。但是，就在战斗一触即发之际，一名波斯军官举起了白旗，战斗就这样结束了。我们有二十二人牺牲，四十二人受伤。

波斯的军事行动

我们兵力强盛，部队势不可挡，而古老的波斯兵力不济，于是这

场战事就这样迅速结束了，我们取得了丰硕战果。英国和苏联是为了生存而战。然而，令人高兴的是，虽然我们取得了胜利，但是波斯仍旧保持独立。

波斯的抵抗瓦解得如此迅速，使得我们与克里姆林宫的交流几乎又变成了纯粹的政治交流。我们此次行动的主要目标就是打通从波斯湾到里海的交通，我们也希望能够通过这种两军直接合作的方式建立更加亲密友好的关系。当然，两国都同意驱逐或逮捕波斯境内的所有德国人，肃清德国在德黑兰和其他地区的势力和阴谋活动。诸如石油、波斯战后未来等深远而微妙的问题虽仍然存在，但在我看来，这不会影响我们两国之间的情谊。

\* \* \*

首相致伊斯梅将军，转参谋长委员会：

现在看来波斯的抵抗并不强烈，因此，我想知道我们下一步进军及跟苏联会师的计划，以及确保我们正常运作手中铁路的计划。我们不仅要占领油田，还要开辟直达苏联的交通线。我们已经向波斯国王提出了一些建议，但可能会遭到拒绝，或被苏联人否决。那么，我们计划如何与苏联会师？另外几支部队下周将采取何种行动？

1941 年 8 月 27 日

首相致韦维尔将军：

我很高兴波斯计划进展顺利。现在您可以按照原定计划回国。我对您的铁路规划十分感兴趣，我们将对其进行周密考虑。

我们所有人都十分高兴您又取得了一大胜利。

1941 年 8 月 30 日

然而，韦维尔将军返回伦敦的计划被搁置了，因为德黑兰需要他。我还希望能说一口流利俄语的韦维尔能够成为我们与苏联最高司令部联系的重要桥梁。

首相致韦维尔将军：

　　我赞同三军参谋长的意见，您前往德黑兰能够帮助布拉德（英国大臣）处理军事问题，有助于合理控制苏联的影响力。

1941 年 9 月 1 日

首相致布拉德爵士（德黑兰）：

　　我无法预测这些地区的战争走向，但我们将不惜任何代价以最快的速度开辟波斯湾到里海的通道，从而支援苏联。1942 年，我们很可能会派遣一大批英国军队在波斯境内作战，并驻扎一支强大的空军。

　　无论如何，现阶段我们不希望出动英苏兵力来占领德黑兰。若波斯政府也不希望发生战争，那么必须忠诚可靠地协助我们。目前为止，我们还未与波斯国王为敌，但如果最终结局不乐观，我们就会以管理不善为由追究其责任。虽然我们希望通过跟波斯政府达成协议来获取我们所需，不愿意驱使他们进入敌对状态，但是我们的要求一定要得到满足。因此，您可以以苏联可能会占领德黑兰为由去一点点获得便利。您不必担心苏联过度侵略波斯，因为苏联现在最大的愿望就是打开通道获得美国的物资。

1941 年 9 月 3 日

首相致斯大林元帅：

　　我想尽快解决我们同波斯结盟之事，并与驻扎在波斯的贵国军队做出有效的工作安排。波斯内部各部落已经显现出

严重的混乱，波斯当局即将垮台。内乱扩大意味着我们要花费兵力压制这些人，而这些部队的调动和供给又将增加交通运输的负担，但我们希望这些交通要道能够畅通无阻地向苏联运送物资。我们的目标应是在战争期间保持波斯内部秩序稳定。如果阁下明确同意这一方针，那么我们将在这个小战区取得更大的优势。

1941 年 9 月 16 日

*　　　*　　　*

首相致比弗布鲁克勋爵：

韦维尔将军打算在返回印度时取道巴格达前往第比利斯。韦维尔会说俄语，因此我正考虑在接下来的里海战役中派他前去统领或指挥援军。因此，他应当与苏联当局商议苏军在苏联南翼和波斯境内的整体局势。

您可将此事提出来进行讨论，希望能够取得最大成果。

1941 年 9 月 21 日

首相致斯大林元帅：

我们占领波斯仅有两大利益。第一，波斯是阻止德国东进的屏障；第二，波斯是我们向里海地区运送物资的通道。如果您想撤出五到六个苏联师用于战斗，我们愿负责维持治安、修缮供给路线。我用英国的诚信保证，我们绝不会在战争中或战争末期牺牲苏联的正当权益来换取自己的利益。无论如何，为了避免内乱滋生和供给要道阻塞，我们急需签订三方协定。韦维尔将军将于 10 月 18 日到达第比利斯，届时他会与你方将军共同协商您提出的任何问题。

对于苏联的英勇战斗我们无以言表，希望用行动来证明。

1941 年 10 月 12 日

*　　*　　*

我们与苏联的安排事宜顺利且迅速地达成了一致。我们对波斯政府提出的要求主要是放弃抵抗、驱逐德国人、保持中立以及为苏联运送物资提供运输通道。英苏两军友好会师，并于 9 月 17 日共同占领德黑兰。波斯国王已于前一日让位于其子。9 月 20 日，新国王接受同盟国的建议，恢复了君主立宪政体。他的父亲不久后流亡海外，过着安逸闲适的生活，于 1944 年 7 月在约翰内斯堡逝世。我们从波斯撤出了大部分军队，只留下几支分遣队守卫交通线。10 月 18 日，英苏两国军队撤出德黑兰。随后，我们的军队在奎南将军的带领下着手防御德国从土耳其或高加索的入侵，并为其后的增援做准备。

目前我们的主要目标是开辟从波斯湾到苏联的主要供给路线。德黑兰政府很友好，他们扩大了港口，发展了河流运输，建起了公路，重修了铁路。1941 年 9 月，英国军队开始动工并扩展了这条运输要道，不久后由美国接手并完工。我们在四年半的时间内利用这条要道向苏联运送了五百万吨物资。

现在，我们回到地中海的主战场。

敌我双方都利用夏天来增援利比亚沙漠的部队。对我们而言，支援马耳他至关重要。克里特岛失守后，坎宁安上将的舰队失去了就近的燃料基地，削弱了我们保护马耳他岛的海军力量。意大利或西西里岛对马耳他岛进行海上攻击的风险越来越大，虽然我们到后来才知道，希特勒和墨索里尼直到 1942 年才批准该项计划。敌军在克里特岛和昔兰尼加的空军基地严重威胁到亚历山大到马耳他的运输路线，我们只能完全依靠西部航线来运输物资。在此项行动中，萨默维尔海军上将和直布罗陀的"H"舰队功不可没。海军部曾经认为更加危险的通道现在成了唯一的通道。幸而此时德国需要入侵苏联，所以不得不从西西里岛撤出了空军，给了马耳他岛喘息的机会，也让我们重新掌握了马耳他海峡的制空权。这不仅有利于西部运输通道，而且还让我们有机会严厉打击增援隆美尔的运输船只。

我们两支相当庞大的船队穿过重重阻碍成功抵达了马耳他。每支船队的航行都是一次重大的海军行动。7月，由六艘供给船组成的运输船队抵达马耳他岛，并开出了七艘空船。两夜之后，意大利对瓦莱塔港发动了唯一一次猛攻，出动了二十艘鱼雷艇和八艘小型潜艇。这场港口保卫战主要由马耳他岛士兵进行，尽管敌军来势凶猛，但我们几乎全部歼灭了进犯的敌军。9月，另外一支拥有九艘船只的舰队也突出重围抵达马耳他岛，在强大的护航舰队（包括战列舰"威尔士亲王"号、"罗德尼"号、航空母舰"皇家方舟"号、五艘巡洋舰和十八艘驱逐舰）保护之下，我方只损失了一艘船。除了这几支主要的运输船队，另外还有许多供应船驶抵该岛。三十四艘船中总共有三十二艘船穿过了重重危险，英勇奋战后安全抵达马耳他。这些补给不但保证马耳他要塞能维持生存，还让其拥有了作战能力。7月、8月和9月，驻扎在马耳他岛的英国飞机、潜艇、驱逐舰一共击沉非洲航线上的四十三艘敌军船只（共十五万吨）、六十四艘较小的舰艇。10月，供应给隆美尔的物资有百分之六十在运输途中被击沉。这很可能在1941年的沙漠战役中起到了决定性作用。

\* \* \*

据我们现在所知，9月，在意大利最高统帅部工作的德国海军上尉在报告中说：

现在，英国舰队如往常一样继续控制着地中海地区……意大利舰队无力阻挡敌军的海军力量，但是，在意大利空军的协助下，我们曾阻止了英国在地中海的常用运输航线……

英国最危险的武器是潜艇，尤其是马耳他地区出动的潜艇。在过去的几个月里，共有三十六场潜艇战，其中十九场都是英国胜利……由于意大利在西西里岛的空军过于薄弱，

在过去的几周内，马耳他不断威胁到德意通往北非的海上路线……而且，的黎波里每天遭受的攻击几乎都来自于马耳他。近日，英国飞机经常在西西里海港附近盘旋……现驻扎在西西里岛和北非的意大利空军已经不足以抵抗英国空军和海军的行动……我再次警告，不能低估地中海海域的危险状况。

\* \* \*

虽然上述措施取得了成功，但我还是很担心沙漠作战的延迟以及敌军对隆美尔的增援。我敦促海军部进一步作出努力。我特别希望能够在马耳他建立一支新的海面舰队。

首相致第一海军上将（伊斯梅将军阅）：

1. 您能否考虑向马耳他岛派一支小型舰队，如果可能的话，再派一两艘巡洋舰。

2. 我们必须回头看看我们距离原来的计划偏离了多少。我们曾计划牺牲"巴勒姆"号来封堵的黎波里港，您也认为该计划很关键。地中海战区总司令还曾提出另一铤而走险的方法，即轰炸的黎波里港，后来采用了这一建议，但我们没有损失一兵一卒。蒙巴顿率领的小舰队曾开到马耳他。所有这些都是几个月前发生的事。最好把具体日期查出来。但事态的紧急性为何降低了呢？不利的事态还不断发展，但我们如今怎么能够对曾经不能忍受的事情无动于衷呢？

3. 蒙巴顿的小舰队从马耳他撤走与其说是因为那里危机四伏，不如说是因为克里特岛事件的需要，这支小舰队在这次事件中几乎被摧毁。这样，我们就偏离了原来的目标，而这个目标曾获得大家一致同意、备受海军部支持。

4. 在此期间发生了三件事。第一，马耳他地区的空军和高射炮部队显著增强，而德国空军已撤走一部分到苏联。第

二，大西洋战役急转直下，局势变得对我们十分有利，我们拥有更多的反潜舰只，我们还期待美国西经二十六度的行动能够大大减轻我们的负担，因为此次行动将会影响到驱逐舰和轻巡航舰的部署。第三，奥金莱克将军无意在 11 月之前行动。

5. 我们难道要对意大利的增援和供给坐视不理吗？难道要眼看着敌人的物资和增援不断运往利比亚吗？如果真的是这样，即便奥金莱克将军认为自己准备妥当，他相较于敌人的优势也会所剩无几。

6. 我希望能够在周末收到您的回信，这样我们就可以在周一晚上的参谋长会议上进行讨论。

1941 年 8 月 22 日

有关方面接受了这一策略，不过推行起来需要一定的时间。10 月，由巡洋舰"曙光"号、"佩内洛普"号和驱逐舰"矛枪"号、"活力"号组成的"K"舰队在马耳他组建起来，该舰队实力非凡，不久后就做出了重要的、及时的贡献。

\* \* \*

此时，我的目标更大。在战争中，提前做计划总是值得一试，虽然不一定切实可行。奥金莱克将军决定推迟进攻，且波斯战役取得了胜利，这些都为我们提供了一个机会。从各方面来看，我希望此时能大力增援东方。我不知道未来的沙漠之战将发生什么，也不知道苏联在高加索地区的战线将会如何发展。此外，日本对澳大利亚和新西兰构成了潜在威胁。我希望再派遣两个英国师前往东方。如果这两支部队能够于年底绕过好望角，那么我们便更有力量来面对未知的意外事件。事实上，这两个师会成为一支机动的后备军，一支"机动部队"。这些都是苦难的经历教给我的，这些经历一生只有一次。

因此，我还希望再派遣两个师支援沙漠作战部队，并且建立一支后备军以备中东的不时之需，这样可获得双重保障。但是，当时我们没有船舶运送部队。所有从大西洋战役中抽调出的船只要么用于取道好望角的运输船队，要么用于刚从澳大利亚或印度开出的运输船队。莱瑟斯也束手无策。随着我与罗斯福总统的交流越来越诚挚，我感到罗斯福可能会借给我们一些快速运输舰。日后将看到，我的想法是正确的。当然，这也不是长久之计，但我希望我们能够有船只在印度洋上航行，以应对紧急事件。

　　首相致帝国参谋长和海运大臣：

　　　　请尽快就向中东派遣两支步兵师拟定一份方案，以供我们周一晚上讨论。请让我知晓我们需要何种船只。有些卡车已经装船，可以直接从美国运出。美国如数供给这批卡车后，我会请求总统借给我们船只以运送卡车，我一定可以借到。

　　　　为进一步完善计划，这两个师可先到哈利法克斯或纽约，再登上美国船只。海运大臣应全力投入到该计划中，并制定一份周全的报告交给我。我确信，11 月底，我们的中东战场将会新增两个师，但他们将在波斯、伊拉克或中东作战还要取决于具体情况。请同样交给我一份第一装甲师前往中东的时间表。

　　　　　　　　　　　　　　　　　　　　　　　　1941 年 8 月 22 日

　　复杂细节由莱瑟斯勋爵和三军参谋长研究解决。

　　首相致伊斯梅将军：

　　　　请根据我们昨晚的讨论，与莱瑟斯勋爵和陆军部调遣司就增援一事做出安排。请想办法尽量减少我们对美国的需求。我们的需求是让美国的船只作一次往返航行——从美国到英国，到中东，最后回到美国，这些船只于 1 月或 2 月就能够

继续受美国调遣。如果能够接管"诺曼底"号，我们便能在特立尼达转船，这样就能够提前归还一些小船只。中东的接船问题也要纳入考虑，例如换乘小舰艇进港。

请尽快交予我一份最完善的计划，着重强调困难之处，这样方便我亲自主持最终会议。输入物资可能需要削减。

1941 年 8 月 26 日

现在我要向罗斯福总统发出请求。

前海军人员致罗斯福总统：

1. 波斯地区的事情进展很顺利，拉近了我们跟苏联的关系。我们计划把波斯湾到里海的铁路铺设成双轨或至少大大加以改善，这样便能够向伏尔加河流域的苏联储备基地长期运送物资。除此之外，我们还要鼓动土耳其禁止德国借道前往叙利亚和巴勒斯坦，这一点也十分关键。为此，从现在开始到圣诞节，我们打算用我们自己的船只向中东增援十五万兵力，此外，我们还准备增援两个英国师（四万人）。然而，我们的船舶数量不足。您能否从今年的 10 月初到明年 2 月份借给我们十二艘运输船和二十艘货船（皆配备美国船员）？这些船只可按照情况悬挂任何旗帜，只要把货物运送到英国的港口。如果这些船只能够在 10 月初抵达，我们便可在 10 月到 11 月间将其作为补给船只运至中东。

2. 总统先生，从我们的对话中，我知道以上要求很难满足。但中东的确需要更多的英国部队，如果我们守住土耳其、保住苏联，这将成为我们巨大的优势，而且可以防止希特勒东进。确实，借出这些运输船将会影响美国向欧洲和非洲派遣部队。但您知道，不是万不得已，我不会提出这样的请求。

3. 至于如何偿还敌人击沉的船只，我们将完全听从您的意见。到目前为止，我们的军队防守严密，几乎还没有任何

损失。我确信，在这样关键的时刻，这是一个明智切实的行动。如果您愿意助我们一臂之力，我们将感激不尽。

1941 年 9 月 1 日

我得到了美国方面慷慨的回复。6 日，总统致电说道："我确信，我们可以帮助您增援中东部队，我现在可以向您保证，无论如何，我方至少可以向您提供运送两万人的运输舰。"他还说道，这些船只都配备了美国船员，且美国的中立法案允许海军的公共船只驶入任何港口。除此之外，美国海运委员会将另外安排十或十二艘船只前往北大西洋，在美国和英国港口之间往返，这样英国就能够腾出十或十二艘货船前往中东。他还说道："我借给您的是我们最好的运输船。另外提一句，我们很高兴您将增援中东。"

前海军人员致罗斯福总统：

1. 我真的很感激您能够对我的请求即刻做出回复，也很欣慰您赞同这一策略。我正计划派遣十七个战斗机中队前往中东战区。

2. 在我发出有关支援苏联的电报中，我本来准备补充一句："若苏联继续作战，那是值得的；若苏联放弃抵抗，我们不必支援。"我们的坦克匮乏，但正是这一信念让我做出了决定。

3. 我们满心期待您准备在周一发表的讲话。我将于周二在下院发表讲话。

1941 年 9 月 7 日

与此同时，总统开始落实与我在普拉森夏湾达成的协议，以便更直接地介入大西洋事务。

\*　　\*　　\*

现在，我要最大限度地利用总统先生给予我们的珍贵礼物——运输舰。

首相致霍利斯上校，转参谋长委员会：

1. 我们当尽一切可能推进此次行动，加快美国运输船队的往返速度，从而获得第二次航行的机会。美国的船只运输不能因为搭载加拿大装甲部队而有所延误，搭载这些部队只是顺便，并非必要。10 月 23 日至 11 月 15 日必须在英国港口重新装船，不得延误。应在最短时间内让第一暂编师登船。如果其能同运输船队的行动配合默契，那么可节省两周的时间。

2. 尼罗河集团军状态不错，因为他们距离上次作战已休整近五个月，所以也不足为奇。六十个英国营平均每营人数为八百八十人，四十五个炮兵团缺额人数不超过百分之九。令人不可思议的是，四分之一的炮兵团能在接下来的四个月内进行连续不断的猛攻。因此，炮兵团的士兵无须首先登船。六个坦克运输连和十六个标准化摩托运输连应该优先登船，同样应优先登船的还有海军接替人员、印度增援部队、驻伊拉克的两个英印师。一万到两万名步兵团的士兵可在方便时登船，另外，可能会有皇家陆军勤务团的专家需要紧急登船。但是请谨记，一切都需让位于"十字军战士"。对马来亚的支援可以等些时候，西非的援助可等待方便时再作考虑。我们如今要解决的是优先登船问题。

3. 根据与罗斯福总统商定的计划，我们的首要目标是向中东派遣英国第一师、第二师。把运载行动延长一至两个月（尤其是如果美国船只能够作二次航行），那么我们所有的需

求都将得到满足。毫无疑问，所有增援都必须运送过去。

4. 我希望空军部把中东现有的空军部队扩充至约六十二个中队。

5. 如果以上意见能够写入修订后的中东支援计划，我将不胜欣慰。我也愿意在今晚或明晚与参谋长委员会讨论任何特殊难题。

1941 年 9 月 17 日

\*　　　\*　　　\*

尽管三军参谋长同意向中东派遣两个师，但依旧顾虑重重。各种可能的危险压制着我，可我仍旧把奥金莱克的进攻放在首位。

首相致霍利斯上校，转参谋长委员会：

1. 我们应当预测一下，在所有运输队抵达之前会不会发生激烈战斗。我们断然不能假设这一风险充斥整个时期，也不能在任何时期都派遣最大兵力准备作战。看来唯一可能发生的战斗是长期拖延的西部沙漠之战，但此时我们也无法及时提供更多的支援。不过，如果这一战役取得了胜利，皇家陆军勤务团运输队（搭载着专门技术单位）的工作压力会很大，因为他们既要守住既得领地，又要向西跃进。在此情况下，如果有可能的话，我打算满足皇家陆军勤务团的要求，虽然一开始我认为这些要求有点过分。三军参谋长备忘录中要求的人数为一万三千五百人；若原定于 10 月出发的五个步兵营能够推迟运送至印度，那么我们又将多出四千人。不过三军参谋长的要求似乎更为迫切。无疑，印度兵力薄弱；但根据新的安排，印度仍将获得七千九百名士兵，即三个营外加为扩军而招募的士兵，这是一支相当庞大的英国支援部队。因此，我希望这五个营（四千人）能够到新年再前往印度，

空出来的四千个舱位用于皇家陆军勤务团对中东的支援。届时将向印度总部解释，此次行动延迟只是暂时的，扩军行动仍将继续。

2. 我们的船队将会行进至1941年底并于1942年2月底抵达，在此期间我们很难预计哪个战区会发生重大战役，战斗将会沿着哪条战线发展。在这五个月内，土耳其应该不会敞开大门让德国入侵叙利亚；德国遭拒后，也不可能从小亚细亚进攻。除非苏联完全沦陷，否则德国不致轻易向土耳其发动战争，因为这样又会造成一百万人伤亡。所以，我认为冬季结束之前（即3月），叙利亚和巴勒斯坦应该没有被入侵的危险。三军参谋长的文件中也多次提到这一观点。

3. 敌人最有可能通过高加索山脉和里海袭击我们。要取得这条攻击路线就必须拿下黑海，但苏联以强大的海军优势控制着黑海；此外，还需夺取塞瓦斯托波尔和诺沃罗西斯克，并经由巴统横跨高加索山脉至巴库；或从黑海北面采取行动再经由高加索南下，但此次行动计划不可能在冬季实施。第三种可能是德国沿着里海进军，跨过伏尔加河的防线，摧毁苏联最后一批后备军。但这一行动不可能在接下来的六个月内完成，除非苏联完全沦陷，否则里海必将牢牢控制在苏联人手中，并成为北方一大屏障。

4. 所以，如果德国真的要发动"重大战役"，那只有两种情况，一是迫使土耳其和（或）苏联必须在上述时间内投降，二是德国从安纳托利亚出发或取道高加索或沿着里海北部强行进攻。但从合理、实际的角度去看，1942年春之前，以上可能性都可被排除。

5. 因此我不赞同危机四伏论，我们唯一可能发生的"重大战役"就是1942年3月的西部沙漠之战。当然，如果我们主动发起进攻就另当别论了。在此情况下，我更加重视增派两个师作为支援等战略问题。

6. 主要考虑的问题有哪些呢？第一，出于道义，我们需要向中东派遣一定数量的英国部队，让那些说我们只用别的国家兵力的流言蜚语不攻自破。第二，除去参谋人员会议中提及的军队，我们还另外增加了两个师的兵力，这会稍微影响到土耳其的行动。第三，我不希望打乱我向总统提出请求的计划。第四，这两个师可能取道巴士拉，从而有效地帮助苏联后备军向里海北部进发。

在运送两个师的三个月内，我们仍有很多选择的机会……

1941 年 9 月 18 日

我照旧将情况告知了史末资。

首相致史末资将军：

从现在起至圣诞节，我将派遣两个师和八万名增援士兵前往中东。为此，我请求罗斯福总统给予我们运输支援，总统已欣然答应。如果我们能够除掉昔兰尼加的敌人，我们就有足够的兵力在里海地区帮助苏联，并影响土耳其的行动，后者是我们最为期待的。我们希望土耳其至少能够反对德国借道安纳托利亚。与此同时，比弗布鲁克和哈里曼正前往莫斯科。我们不得不贡献出我们也迫切需要的坦克、飞机和弹药。若苏联坚持严防死守，那么这一切都值得；若苏联放弃抵抗，我们也不必运送物资给他们。我们希望到 1942 年时，从里海到尼罗河地区的兵力能达到二十五个师。苏联催促我们运送几个师给他们，但这一行动会妨碍跨波斯铁路的修建，我认为苏联这一行为不妥。这些事宜都将在莫斯科会议上提出，并由参谋人员研究讨论。届时将告知您。

1941 年 9 月 20 日

\*　　\*　　\*

我们的注意力不断转向沙漠地区。在 8 月第一周前往普拉森夏湾的途中，我曾拟定了一份有关未来沙漠作战的备忘录。我把原稿分别送交给帝国总参谋长、本土部队总司令布鲁克将军审阅，他们都表示完全赞同，不过还有一些小细节需作修改。

自 1941 年 10 月 7 日起，这份文件便在高级司令官中间传阅。第四点谈及了关于陆军和空军司令的规定，经电达奥金莱克将军和特德空军中将得以实行。这项规定说明了两者之间的关系，并确定无论在作战时期还是准备阶段，陆军司令对于空军的使用都享有最高权力。自此以后，英国军队就通行这项规定，后来美国又独立加以发展。

## 国防大臣官方文件

1. 重型坦克剥夺了大炮在战场上的重要地位，若有哪位指挥官能够恢复大炮的地位，他将立下战功。为此，以下三项规定十分必要：

（1）每一门野战炮或移动高射炮都要配备充足的曳光穿甲弹，这样一来，每一个炮组都具有反坦克能力。

（2）大炮受到坦克袭击时，便是我们作战的时机。大炮要一直战斗直到敌人逼近炮口。坦克距离足够近时，炮组要快速使用高爆弹对其轰炸。因为在此阶段，坦克的履带最为脆弱。在近距离战场，应该发射穿甲弹，直到敌军分遣队被完全歼灭。最后一弹的射程应不超过十码；或一些炮兵假装停止射击，以便找到绝佳机会近距离发射穿甲弹。

（3）采取以上战术，尤其是大炮与坦克交锋时，大炮可能会被坦克踩蹦、损毁。敌人逼近炮口并非是祸事，相反是炮组的绝佳机会。坦克的损失远高于野战炮或高射炮的损失。即使敌人缴获我们的大炮也并无多大作用，因为他们的大炮充足，更习惯使用自己的大炮。我们的供给充足，能够弥补战场上的损失。

皇家炮兵需建立这样一条准则，即敌军坦克无法攻破我方炮兵的阵地时，对于敌军的袭击，我们的炮兵须严阵以待，再一举摧毁大量坦克。敌军坦克逼近时，炮兵不得撤退，正如滑铁卢战役时，韦林顿的军队在面对敌军逼近时丝毫不退却。

2. 德军把所谓的"高射炮"队部署在队伍的最前方，并把这种炮队散布在所有装甲和辎重部队中。德国自入侵法国时起就采用这种方法，并不断发展完善。这一做法值得我们借鉴。原则是所有编队（不论是纵队还是横队）都应配备一定数量的高射炮以自卫，这一原则同样适用于所有军队，且所有军队都应配备机关枪和"博福斯"式高射炮，因为这类武器供应充足。

3. 现在有两百五十门"博福斯"式高射炮运送给奥金莱克将军，满足他在进攻过程中对部队集结点或燃料补给的需要。

陆军不能再依赖空军保护来抵御空袭，尤其要摒弃这样一种观点：纵队在行进时由巡逻飞机保护。这样"分配"飞机是不合理的，若大规模采用此策略，我们的空中优势便不复存在。

4. 一旦中东陆军总司令宣布战争在即，空军司令就当暂缓其他任务（无论其具有多大吸引力），给予其一切支援。这场战役的胜利能够弥补一切，并为我们创造关键的有利条件。陆军总司令应当向空军司令详细解释其作战目标和作战任务，无论是对敌人后方设施的准备性攻击还是战时的空中行动。空军司令应当用最有效的方法、发挥最大的威力来完成目标。这不仅适用于永久分配给陆军航空队的任何中队，也适用于整个空军部队。

5. 如有需要，轰炸机可为边远地区的纵队运送补给，唯一的目的就是取得军事行动的胜利。两军参谋长的利益是一致的，因此不会引起任何问题。空军司令在准备阶段应将一切例行事务搁置一旁，集中力量轰炸敌军后方，而且要在战斗机的掩护下不分昼夜地袭击。届时我方空军将与敌军空军进行一番较量，这也是夺得制空权的绝佳机会。准备期间所规定的正确做法均适用于整个战役。白天，我们应在轰炸机的掩护下袭击敌人的所有集结点和补给站。

蒙哥马利将军当时并未收到以上文件，直到1943年，第八集团军在阿拉曼取得胜利的十八个月后，我在的黎波里遇见他时才偶然给他看了文件的副本。"这份文件在今时今日仍旧正确无疑"，他如是写道。当时，蒙哥马利将军让大炮在战场上重新发挥了重要作用，这使他享有盛名。

第二章

# TWO

英国实力日益强大

英国空防受到的限制——我国战斗机实力猛增——我国轰炸攻势受到的限制——陆军实力——人力问题——我对入侵问题提出质疑——本土防御计划——我们的大西洋生命线——罗斯福总统下达"主动进攻"命令——"鲁本·詹姆斯"号被击沉——我们在比斯开湾展开空袭——潜艇向飞机投降——"福克·沃尔夫"式轰炸机被控制——与德国海面袭击舰的战争

冬季逐渐临近，我们必须根据新形势重新审视1942年陆军的实力和编制。我们不敢断言德国不会制造登陆艇和坦克登陆舰来进行入侵。就连我们自己也在不断扩充军备，当然，德国的需求一定更大。10月，希特勒在进攻的第一阶段就击退了苏联军队，但他是否会听从将军们的意见暂停攻击、占据冬季阵地，这我们无从知晓。既然德国抓住时机做足了准备，它难道不会调集二十或三十个师在春季进攻英国？我们尚不知道德国是否在西部战场预留了精锐部队。德国空军很有可能迅速把重心从东部转向西部。无论如何，我们都要未雨绸缪。本土部队总司令艾伦·布鲁克负责陈述这一重要需求。他十分正确地说明了本土防务的需要，当然，这是在他和他的得力同僚通力协作下完成的。他们要求派遣大量兵力，并声明如果没有这些兵力，战斗部队实力将会大减。这样一来，分配本就紧张的人力资源的重任就落在我和三军参谋长身上。

首相致陆军大臣和帝国总参谋长：

1. 本土部队总司令的声明让我感到不安。他声称，除爱

尔兰的三个师以外，他将在春季之前把其标准编制削减到十一个完全机动师。这将会减少半数以上的陆军，着实令人不能忍受。任何类似情况，你们都应当在问题被讨论之前，提前通知内阁。

2. 如此大规模地削减陆军是不合理的且完全没有必要。除去主动作战，冬季正常的兵力损失不会超过六万人，而且我们将会补充相当数量的兵力。无论如何，那二十六个标准师、九个地方师、七个装甲师和国民自卫军都不应被削减。如果需要新的部队，可以从四五个独立旅和十二个未编旅中抽调兵力。

3. 请立即研究总司令的声明，并呈交报告给我。同时，请谨记以下规则：没有我的批准，不准削减或改变现有师的编制。如果要建立新部队以取代现有部队或是在人员装备上有任何变动，请务必告知我。请交给我现在或即将实行的所有计划表。

1941 年 10 月 4 日

与此同时，我竭尽全力来维持本土部队的效率，防止民政部门对他们提出许多似是而非、华而不实的要求。

首相致陆军大臣：

1. 我不同意让陆军在冬季挖掘下水道或从事类似的工作。空军有类似的计划，但情况并不相同。空军的计划是运送八千名熟练的皇家空军技工前往各工厂协助工作六个月。他们的情况跟陆军完全不同，我认为空军的计划较好。

2. 你应当用军事思维武装自己的头脑，绝不能向国内的软弱分子低头。这些软弱分子永远也不会明白素质、效率、忍让、纪律的重要性，它们是武装部队的重要特质，也是战胜纳粹德国的法宝。

3. 在任何紧急情况之下，如遭到猛烈空袭，陆军部队都应当给予及时慷慨的援助。但我们希望所有士兵、所有部队在春季都已准备充分，甚至可能春季之前就有作战需求。您的责任就是要让士兵们根据我的指示蓄势待发。全体官兵都应进行阅兵、操练、演习；各班、各排、各连应充分发挥个人品质；各级军官要提升自己、随时面对优胜劣汰的考验，参与各种课程和竞赛活动。行军到城镇和工厂地区时，应适当增加娱乐活动；军营生活单调乏味，应多给官兵假期加以调剂；艰苦的军营生活需要一点乐趣，应适当运送军人去城里消遣娱乐。我们需要的是高规格的正规军，而不是在战争到来之时满身泥垢的民兵。我于上周在下议院指出了向投机取巧、权宜之计低头的危害，以及我们可能被引入黑暗之渊。

1941 年 10 月 5 日

\*　　\*　　\*

我们机动战斗部队主要的人力来源于派尔将军指挥下的高射炮部队和其他防空部队。由于担心敌军可能进行更大规模的空袭，一些人要求切实扩充防空实力。我不认同这一要求，故我再次反驳入侵威胁论。然而，入侵的危险却一直萦绕着我。

首相致霍利斯上校，转参谋长委员会：

### 大不列颠的防空问题
#### ——首相指令

1. 我们现在还无从知晓冬季空袭的严重程度，也不知道明年春季有何入侵威胁。这两只秃鹰将会在我们上方盘旋，直到战争结束。必须注意的一点是，我们在采取防御措施的同时，不能削弱我们机动野战军的实力和其他进攻形式的攻势。

2. 合理的做法是，将大不列颠防空人数控制在二十八万人（包括可招募的女兵人数），这比我们去年抵御空袭时多了至少三万人。此前计划新增的五万人（这样一来总人数为三十三万人）恐怕无法实现。我们即将获得一批高空和低空高射炮。一些炮可以架设在增设的炮兵部队当中，但如果英国防空部门不能设法给这些设备配备人手，政府将不得不把它们保管起来。

3. 鉴于英德空军现在的实力不相上下，再加上苏联的因素，德国不可能发动持续不断的猛攻以配合入侵或作为入侵的前奏。德国需要积蓄力量以发动进攻……

4. 因此，英国防空部必须尽可能灵活应对，把静止防御控制在最低限度。为此，防空部应投入尽可能多的兵力到机动部队。派尔将军应该拟定一份计划，以最多的机动高射炮增援布鲁克将军的军队。战士有时必须从炮位上取下他们的炮，或使用备用的机动炮。这样，我们可以在必要时分担一下压力了。

5. 总之，我们不能因为工厂制造出了大炮就盲目增加大炮和炮兵人数，这样只会导致我们把训练有素的人力浪费在静止、被动的防御上。

6. 各方应全力协助派尔将军拟定计划，增援陆军的机动高射炮、协助海岸兵团作战。同时，请维持去年人数的最低标准，去年的士兵表现出色，除女兵外，不要增加总兵员人数（二十八万人）。

7. 三军参谋长需认真考虑，并给出建议应该拟定什么样的计划来施行上述原则。

1941 年 10 月 8 日

＊　　　＊　　　＊

现在，我们的空军实力大大增强，不仅能为可能的入侵提供防御保障，而且还为战略计划开辟了多种可能性。

首相致空军参谋长：

上次报告显示本国空军实际拥有一百个战斗机中队（九十九个半），对此我很高兴。随着苏联加入战争，局势发生了巨大变化。我们在中东，包括波斯的地位有所提高，这让我想对中东进行大规模支援，从而影响土耳其的态度、守住苏联南翼。我现在的想法是派遣二十个战斗机中队前往伊拉克—波斯和叙利亚战场，这些战斗机中队既能与德国轰炸机和俯冲轰炸机交战，又能保护我们的领土或盟友的领土。我们有可能再现去年不列颠战役的有利战局（去年，德国在空袭英国时遭受了巨大损失）。比起法国的艰苦战役，这可能更加有利，当然，必要时我们也会进行艰苦卓绝的战斗。这支军队须沿着漫长的航线绕道好望角前往目的地，因而年底才能投入战斗。它还应携带一两个控制中心（如第十一组）随行，这样战斗机的防御力量才能够充分发挥。这支军队不会离开本国，直到入侵结束。当然，它还是您在东部已有部队之外的新增部队。

如果您能对局势进行彻底研究，并告知我所需的人员数量、运输要求以及您对此次军事力量转移的看法，我将不胜感激。这些战斗机在里海北部和南部作战，对苏联会是非常大的帮助，加上我们的轰炸机，就可以长期阻碍德军东进。印度空军也会在同一战区作战。

1941 年 9 月 1 日

我一直不停地去设法提高轰炸机的产量，因为轰炸机的产量低到连游击队员的最低要求都无法满足。

首相致枢密院长：

重型和中型轰炸机产量增加如此之慢，对此我深表担忧。为了使第一线的重型和中型轰炸机数量达到四千架，皇家空军要求在1941年7月至1943年7月间制造出两万两千架飞机，其中美国提供五千五百架。最新预测显示，在剩余的一万六千五百架飞机中，我们自己的工厂只能提供一万一千架。如果我们想赢得这场战争，就不能安于这种现状。我跟飞机生产大臣查尔斯·克雷文爵士讨论之后，下达指令拟定计划以扩大生产，要在此期间生产一万四千五百架飞机而不是一万一千架飞机。为此，我们必须集中精力、继续努力，牺牲其他方面的需求。原料和机械方面都没有不可克服的困难，我们也有充足的飞机驾驶员。问题的关键在于要有足够的技术工人来组装机械、训练新人，所以我们只能从别的生产项目中调取这些技术工人。

我已经让飞机制造大臣为此项目制定一个计划，提出实现计划的要求，并让他就如何满足这些要求给出建议。我要求空军大臣调整扩充空军的计划以适应新的生产计划，这将会放缓机场建造、炸弹制造等计划，因为全部一线力量将会比计划延迟抵达。

我希望您能够采纳飞机制造大臣的计划，召集相关大臣举行会议，按照我提供的建议，讨论实施计划。您须指出这项计划对其他活动有何影响，我们可能也须减缓海军部的项目进程或削减陆军装备的生产量，最重要的是，我们确实必须大大削减新工厂的数量。不论是在建的还是即将动工的，这些新工厂的建立和材料制造都将消耗太多人力。您需要一份有关工厂建造目的、动工日期、施工状态、具体投入使用

日期的报告书。其他长期项目必须让位于轰炸机制造。

　　我认为这一计划是当前战争的重要因素，我希望在两周内收到您的初步建议书。此后，您当跟进整个计划的进程，我也将定期召开会议促进该计划的实施。

1941 年 9 月 7 日

＊　　　＊　　　＊

　　与此同时，我却不得不压制诸多强烈的主张，其中一些是由最亲信的官员提出，如轰炸机司令部司令、空军中将哈里斯。我们对空军海防总队的扩充规模做了较大削减，因此其遭受打击较大。我此时的任务就是战斗在行政前线，在各方需求冲突不断之时，建议内阁采取正确的解决方法。

首相致空军参谋长：

　　1. 我们都希望对德国的空袭能够达到空军参谋部的预期效果。我们所做的一切都是为了能够建立一支强大的轰炸机部队，且此意已决。但我不赞成对这种攻击方法抱以无限信心，更不赞成用算数的方式表达这种信心。这种攻击方式是目前挫伤敌军士气的最有效方法。如果美国参战，那么 1943 年装甲部队会在被侵略国家（待时机成熟之时）发动进攻以辅助空袭。只有用这种方法，才能够确保取得决定性的胜利。即使德国所有城市被轰炸得无法居住，也不代表德国的军事控制会减弱或是军事工业会停工。

　　2. 空军参谋部的说法太过夸张，会造成谬误。战前他们曾描述了空袭所造成的巨大灾难，对我们造成了误导。这点由下列事实可以说明：我们为空袭伤亡准备的病床为二十五万张，但实际使用不超过六千张。空袭损失言过其实，导致负责制定战前策略的政治家沮丧不已，也直接导致了 1938 年

8月对捷克斯洛伐克的抛弃。战争开始后，空军参谋部再次不断警告我们，如果敌军控制了低地国家（更不必说占据法国了），我们的位置也会因空袭而不保。然而，我们在没有重视这类观点的情况下，也摸索到了前行的方法。

3. 德国可能士气大挫，这得益于我们的轰炸。但是，所有事物都是同时运动的，所以很有可能纳粹在1943年的作战力量已充斥欧洲，而不用依赖本国的基础设施。

4. 如果敌人的空军被大幅削弱，以至于我们有机会在白天对其工厂进行准确轰炸，那么情形又将大不一样。但根据我现在掌握的情况，我们无法在战斗机的掩护范围外进行轰炸。人确实必须尽力而为，但如果认为在势均力敌的情况下，还存在稳操胜券的具体方法或是其他确切的战斗方法，那就不是明智之人了。唯一的计划就是坚持到底。

无论何时，我都愿意跟您讨论这些话题。

1941年10月7日

＊　　＊　　＊

1942年陆军要达到何种实力，拥有何种特点，以及需要多少人力维持，我目前得出了大概的结论。以下实施的方案和措施得到了有关方面的同意。

## 陆军实力
### ——国防大臣指令

1. 英国（包括北爱尔兰）现在有二十六个标准摩托化步兵师和一个波兰师，所有师都配有炮弹和运输工具，每个师约有一万五千五百人以及十个军团组织和军团部队（六万一千人）。有八个在海滨执行任务的地方师，平均每个师人数为一万人，他们除海岸大炮外没有其他大炮，也没有什么运输工具。我们有五个装甲师、四个属于集团军的坦克旅；总共十四个装甲旅（五个师小队）、四个拥有大炮和运输工具的旅、七个步兵团和十二个未满编的营；此外，还有八个飞机场防守营、本土防卫营（约有一万人）及青年兵营。

2. 现提议将这种编制改为二十七个标准师（以下称作野战师），加上波兰师（即将拥有一个装甲小队），总共为二十八个师。将装甲部队增至七个装甲师，连同八个集团军属坦克旅，总共二十二个装甲旅（七个师小队）。原有的四个旅将继续保留。将十三个旅、两个相当于同盟国的旅和八个分遣营来代替上述的八个地方师和其他部队。以上提到的军队构成了本土野战军，相当于四十五个师。另外，还将有八个飞机场防守营、本土防卫营和青年兵营。

3. 此番变动的目的在于提高部队的战斗力，尤其是装甲部队的战斗力，和增加野战炮、反坦克炮和高射炮数量，包括将于1942年成立的五个英印师所需要的火炮数量。为了增援印度，我们有必要把印度军队中的英国营数量增加到十七个。

4. 削减第二点中所述及的与我们的战争需求不相符的兵力。为了在以后九个月内，即到1942年7月1日为止，维持这种兵力，并且也为了维持为在中东的军队、为在印度的军队以及为我们在冰岛、直布罗陀、马耳他、香港等地驻军的应募部队，因为每一季度的正常损失量为五万人，所以必须提供二十七万八千人补充陆军的兵员。为了这种供应，我们正在采取措施。陆军方面除已招募妇女六万三千名外，还需要至少再招募十四万二千名妇女。

……

于是我详细陈述了我们在国内外的军队的情况。结论表明了我们在那些迫使美国参战的非常事件发生之前所具有的军事资源和部署的能力。指令继续写道：

10. 如果我们以师或相当于师为单位来计算，那么 1942 年的部署大体如下：

| 英国 | 45 |
|---|---|
| 防空师 | 12 |
| 尼罗河集团军 | 16 |
| 伊拉克或波斯的印度军 | 9 |
| 国内印度军 | 8 |
| 要塞驻军 | 7 |
| 非洲本地师 | 2 |
| 总计 | 99 |

11. 我们的职责就是要在 1942 年发展、装备和维持所有这些部队。

1941 年 10 月 9 日

\* \* \*

除了给军队配置兵员外，正在扩建的兵工厂和车间也提出要增加劳动力。一个国家要想维持士气，人民必须得到温饱。国家兵役部的贝文先生是一名资历深厚的工会领导者，他利用自己的知识和影响力来招募所需人力。很明显，人力同样是我们衡量军事和经济实力的重要指标。人力供给者贝文先生以及枢密院长约翰·安德森先生共同设计了一种行之有效的体系，该体系直到战争结束都对我们大有裨益，它帮助我们在国内进行动员，为我们在这场战争中争取到的人力多于任何国家和以往任何一场战争。首先，我们的任务是调集一部分非要职人员。随着人力储备的减少，一切对人力的需求不得不削减。枢密院长和人力调配委员会必须在众多请求中做出筛选。随后，他们将结果递交给我和内阁。

第一批人力资源报告于 11 月上交给内阁。我就枢密院长在报告中

提出的主要问题陈述了自己的看法。显然，我们此时必须依靠女性来分担我们的重担。

## 人力问题
### ——首相备忘录

1. 如果我把亟待解决的问题的临时意见陈述出来，我的同事可能会感到更加方便。

义务服兵役的最高年龄应该再增加十岁，包括所有五十一岁以下的男性。虽然这并不能让所有男性都参与到战争中，但可以帮助劳工大臣找到承担非战斗任务的兵力。

不排除今后再次提高兵役年龄上限的可能。但今时今日，把年龄上限提高十年已经足够。

2. 征召十八岁半（而非从前的十九岁）的年轻男性入伍一事几乎已成定局。如果这一方法确实行之有效，我可以进一步征召十八岁男性。

3. 大体说来，军中男性明显不喜欢将女性招入辅助服务队，我对这一做法也不太满意。但是，我们应该大力鼓励志愿应募。

4. 假若内阁同意招募女性进入辅助服务队，那就应该考虑是否要按照个人选择而非年龄段来整批征召。如果采用后一种方法，女性可能需要等到征召她们的年龄段才能前去应征，这显然会阻碍女性入伍。

5. 应该鼓励女性进入兵工厂工作，有效利用现有的各种人力资源……

6. 在适当的情况下，应该鼓励雇主充分发挥工厂已婚妇女的作用，她们通常都是临时工。但雇主应设法减轻那些身兼多职的女性的负担。

1941 年 11 月 6 日

*　　*　　*

无疑，入侵问题再次引发争论。我着手解决这个问题，并更加确信入侵不可能发生。但同时，争论的过程是积极的，导致我们对可用兵力做出了明确安排。本土司令部提出了许多军备要求，而德国建造坦克登陆舰的传闻也愈发可信。如果没有阅览过各种文件，没有人会知道当时局势多么紧张，也没人会知道做出（被事实推翻的）错误的决定是多么容易。我就如同动物园的饲养员，要把仅剩一半的口粮分配给各种大型动物。幸运的是，它们把我当作一个友善的老饲养员。

首相致帝国总参谋长：

1. 一切经验表明，各军总司令必定会前来索取他们想要的东西，而且总是低报自己的军力……仅仅几个月前，我很欣慰地得知我们可能会有一千辆坦克可用于应对秋季的入侵，结果我们现在拥有两千多辆坦克，而且春天还会另有至少一千五百辆坦克可用，总共有三千五百辆坦克。

布鲁克将军应该以最好的方式安排这些坦克。请谨记，为了防御本土入侵，应当把最强的军事力量放在前线编队，但后备军的规模不必跟中东的一样大。

2. 虽然我下令抓紧采取有力措施抵抗春季入侵，但是我却对入侵规模的消息持怀疑态度。有传闻称德国建造了八百艘登陆舰，每艘舰载有十辆坦克，航行时速为每小时八海里，但这一传闻没有十足的根据——只是一个侦察员在一个地方发现这样的在建船只，于是他便推测在其他地方一定也在建类似的船只，总数达八百艘。如果有更加可靠的证据证实这一传闻，请让我知晓。

3. 随着我们摄影技术的改进和空中实力的增强，我们应大力地抵抗敌军在低地国家各河口聚集的大量船只。由于我

们取得了多佛尔海峡的制空权，因此敌军应该无法利用敦刻尔克、多佛尔、布洛涅来帮助入侵。对于聚集在这些港口的船只，我们白天可以在战斗机的掩护下对其进行轰炸。这和去年的情况不同。

4. 我们当然不能违背对苏联的承诺。如果阿尔汉格尔斯克港结冰，我们必须尽量利用其他路线。但是，在那份写着我们承诺的文件墨迹未干时就谈这一问题，未免为时过早，更何况我们现在还无法做其他事帮助苏联人……

1941 年 11 月 3 日

我认为有必要制定一个计划，以便在入侵到来之时，能够挑选部分国民自卫军进入陆军编制。

首相致陆军大臣：

1. 敌军在港口及河口大量聚集船只，并大规模调动军队，人们认为这逐渐显现出了敌军入侵的危险。敌军这一行动可能会花费好几个月，而且可能终究是一场假象，但我们不得不在这某一特定阶段宣布进入"警戒"状态。假若真有这一时刻，那便是在开战前两周。我们没有必要使整个国民自卫军都为此放下手头工作，但我们需要征召一部分特殊群体来加入战斗，正如自卫队往常那样。

2. 直到入侵开始的前几日（就我们所能预测的），其余的国民自卫军才需出动，或是在敌军已经开始登陆时再出动。但他们应当在"警戒"到"警报"这段时间内提高警惕。

3. 我提到的特殊群体当然不是十八岁以下或六十岁以上的人，而是在这之间从事后备职业的健壮男性，这些人未能加入军队，但他们自愿加入国民自卫军。这类人将参加额外训练，并且获得一定报酬。直到"警戒"响起，这些人才须出动。无须按照陆军部的装备标准把他们编成旅，这样会让

提议受阻。他们会配备步枪、机关枪、捷克式轻机枪和战车。可以把他们编成营。不到"警戒"状态，这些人的平民和志愿兵身份不会改变。

有关在每个军区成立四个营一事，请向我递交一份明确的计划书。

1941 年 11 月 23 日

\* \* \*

美国军事首领对我们这个岛的防御非常关心，我对此表示欢迎。他们已把英国视为美国安全的堡垒。在我们极力据守中东时，美国曾十分害怕我国本土受到威胁，这一点我们有目共睹。在 9 月和 10 月，马歇尔将军派恩比克将军来到英国，我诚挚邀请他参观我们的本土和沿海防御，并希望他把得出的结论向我和他的政府汇报。恩比克将军是一位极富才干的批评家，同时也是英国的好朋友。但是，我从第一次接触就感觉他有些杞人忧天。11 月底，他递交了一份报告，我对这篇报告做了评价并刊印出来。

首相致伊斯梅将军，转参谋长委员会：

我们现在进行的军事准备是基于对敌人入侵实力的推测，而恩比克将军关于英国防务体系的这份报告也正是基于这种假设。无疑，恩比克将军获悉了我们对敌人军事实力的预测，但我必须说明，我们接受对敌军军事实力的假设是为了让防务达到标准，而这种假设没有任何可靠依据，只不过是我们自己审慎思考后得出的结论……

如同许多入侵分析报告犯的错误一样，这份报告的主要错误在于它忽视了事件发生的先后顺序。敌军发动如此大规模的入侵，不可能不被发觉就准备就绪。不仅仅是传说的八百艘登陆舰，而且还有很多其他的舰艇、大型船只都会在河

口和港口集结。航拍照片将会揭露这一过程，这样我们的空军就可以在接下来的两周或更长时间对这些船只进行猛烈轰炸。从敦刻尔克到迪耶普，我们的空军力量已经能够在战斗机掩护下进行日间作战。敌军克服了登陆舰的困难以后，他们还需集结这些船只并引导它们渡海。到了那时，我们就有理由认为海军将会予以最强烈的抵抗。恩比克将军假设将来没有警报，且我们所有的小型船只都用于太平洋战役。但是，一旦入侵规模超过了反击规模，这种假设就不正确了。请交给我一份时间表（用一张纸），标明自"警戒"之日起到第二十天，海军的每日工作以及我们手上的兵力。

整个初步准备阶段必不可少，是我们国家防御敌人入侵的一大主要工作，然而恩比克将军却不这么认为。我们有意训练我们的军队并使其保持昂扬斗志，自然会强调敌人登陆以后的事情，但是皇家海军和皇家空军要负责粉碎入侵舰队，并在舰队通过海峡时给其致命一击。皇家海军和空军必须履行这项义务。

1941 年 11 月 23 日

\* \* \*

1941 年逐渐接近尾声，不可预测的高潮也即将褪去，我们可以十分安心地回顾防御德国潜艇之战的过程。6 月底，我在议会秘密会议上透露了我们现在掌握的优势，如今这一优势日渐明显。我们的资源在不断增加。到 7 月，我们可以为穿越北大西洋以及前往弗里敦的运输队提供护航舰队，尽管护航舰队力量单薄，但却能够一直持续不断。当德国加紧制造潜艇时，我们与美国的合作即将成为现实。我们的新式武器虽然还不成熟，但却一直在不断地改进；海军和空军强强联合能消灭敌军潜艇，我们也不断地提高两军的有效配合战术。远洋雷达设备已投入生产，但存在失败的风险，不过失败的风险自设计之日起就一直存在。我们仍旧把海上闪避作为我们的主要防御方法。敌人进攻我们的日子还很遥远。

9月4日，美国驱逐舰"格里尔"号在独自前往冰岛的过程中不幸被一艘德国潜艇击中。一周之后，即9月11日，美国总统颁布"主动进攻"命令。他在广播中说道："从现在开始，如果德国或意大利的船只进入美国保护的海域内，他们就等于送死。我以美国陆海空军总司令的身份命令立即执行这一政策。"9月16日，美国护航舰队首次直接保护我们前往哈利法克斯的运输队，这让我们万分紧张的小舰队得以解脱。但两个月过后，总统才得以摆脱中立法的约束（中立法规定美国船只不得向英国运输货物，也不得武装自卫）。

我将此及时通知史末资将军。

首相致史末资将军：

我对总统的行动表示满意，但只有与我们在会晤时商议的海军行动联系起来，才能对这一行动作出判断。他的防线从北极起沿着西经十度抵达法罗群岛附近，然后转向西经二十六度抵达赤道。总统将消灭这一区域的所有轴心国船只。前几日，十六艘德国潜艇在禁区内约一千海里、靠近格陵兰岛尖端的位置击沉了我们一个运输队。我请求美国派驱逐舰前往冰岛援助我们的护航舰时，美国昨日立即采取行动。如果不是敌人的潜艇迅速潜逃，英美定会联合打击。美国负责保护所有往返于美洲与冰岛间的英国快速船只（除运兵船外），因此海军部可以从哈利法克斯基地的五十二艘驱逐舰和反潜快艇中调回四十艘回到本国海域。这种增援无价，使得我们第一次出动大批猎潜舰（而非护航舰）去歼灭敌军潜艇。希特勒只有两个选择，要么在大西洋战役中战败，要么跟美国舰队正面交锋。我们知道，比起入侵，希特勒更想让我们弹尽粮绝。美国公众接受了"主动进攻"的宣言，但却并不知道适用的地域范围。我认为，公众会支持总统进一步落实这一原则的适用范围。有了这一原则，战争随时可能发生。以上内容为绝密信息。

1941 年 9 月 14 日

\*　　\*　　\*

1940 年，尽管敌军参与作战的潜艇增加了五倍，但是我们的船只损失却大大减少。7—11 月间，哈利法克斯航线上的快速运输队中没有一艘商船沉没。7、8 月，从布雷顿角岛锡德尼启航的慢速运输队（全程由加拿大和英国的护航舰护航）也免遭袭击。然而，9 月份，从格陵兰岛到冰岛海面发生了持续七天之久的战斗（我在给史末资将军的电文中有所提及），敌军有一群十二艘以上的潜艇。我方运输船队里的六十四艘船只有十六艘被击沉，德国也有两艘潜艇被歼灭。10 月 31 日，哈利法克斯航线的运输船只也受到破坏，美国驱逐舰"鲁本·詹姆斯"号被鱼雷击沉，伤亡惨重。这是美国海军在宣战之前遭受的第一次损失。8 月，运输队中航行船只的数量限制被取消。通常在部分航段中合并快速运输队和慢速运输队。8 月 9 日，由一百艘船只组成的合并运输队顺利抵达英国。在 9 月底之前的三个月内，每周的输入量为一百万吨，意味着每周增加约八万吨。

在布雷斯特港监视德国巡洋舰的空中巡逻队注意到，德国潜艇经常在海面出入比斯开湾各个港口，或是沿着固定路线横跨比斯开湾，这为我们的空军海防总队提供了一个机会，但要充分利用这个机会，还需满足两个条件。第一是识别问题。尽管我们的空中雷达取得了些许成果，但我们还是无法在夜间识别目标，除非今后进一步完善飞机探照灯。第二是可以击沉潜艇的空中武器。在有限的攻击时机里，我们飞机上装备的炸弹和深水炸弹既不能精准射击也不能一击致命。尽管如此，到 11 月底的前三个月内，我们还是发动了二十八次袭击。到了 12 月，敌人被迫在夜间或从水下穿越危险的湾区。因此，追击一艘敌军潜艇的时间缩短了约五天。

8月，空军海防总队的"亨德森"式轰炸机使用深水炸弹袭击了西部入口的一艘德国潜艇，该潜艇损坏，无法潜水，船员试图使用他们的火炮时，"亨德森"式轰炸机自带的机枪把他们驱逐到潜艇下层，这是第一次看到一艘潜艇在战争中升起白旗向一架飞机投降。虽然海面波涛汹涌，没有船只，但"亨德森"式轰炸机仍旧一丝不苟地监视着自己的猎物。潜艇发出求助后的第二天，被拖曳到了冰岛。这一事件独一无二。

\* 　　\* 　　\*

这时，一份新的重任压在英国海军身上。对苏援助需要我们把注意力集中在前往阿尔汉格尔斯克和摩尔曼斯克的海上航线上。7月底，维安（现为一名海军上将）奉命侦察斯皮茨伯根群岛。他派遣了一支部队摧毁敌军的加煤站，并解救了几名受德军强迫的挪威人。此次清剿行动还俘获了三艘德国矿船。几乎同时，在北角顶部的比特萨摩和基尔科内斯港，"愤怒"号和"胜利"号搭载的五十六架飞机英勇地袭击了港内的德国船只。此次行动虽使敌军蒙受损失，但我们也痛失了十六架飞机，后来再没有进行袭击。

8月12日，由六艘舰船组成的第一支"P. Q."运输队开往苏联，他们从利物浦出发，途经冰岛前往阿尔汉格尔斯克。自此，运输船队定期每月一到两次前往苏联北部。这些船只有强大的护航队，因此没有受到敌军干扰。当阿尔汉格尔斯克被冰封时，就使用摩尔曼斯克港。但是，关于成功地把军需物资运送给苏联军队作了过多的庆祝与宣传，导致次年蒙受重大损失。

\* 　　\* 　　\*

随着苏联加入战争，德国对英国海岸船只的袭击有所减少。"福克·沃尔夫"式轰炸机飞行区域广，但为了应对这种危险，我们设计

了载有战斗机和弹射器的船只，目前船只正在建造，不久后就会取得成功。从直布罗陀和塞拉利昂到英国的航线成为德国空军和潜艇袭击的目标，导致我们在 8 月和 9 月损失了三十一艘船只和三艘护航舰，其中包括因俘获"阿尔特马克"号和围攻"俾斯麦"号而著名的"科萨克"号驱逐舰。第一艘真正的护航航空母舰"无畏"号可以从甲板上出动六架飞机，并于 9 月投入使用，随即便证明了自己的价值。这艘航空母舰不仅可以摧毁或驱逐"福克·沃尔夫"式轰炸机，而且可以在白天进行空中侦察，压制德国潜艇，并及时提供有关潜艇的警报。"无畏"号也因此成为一个模范，多年后，美国按照这一模型建造了许多舰艇用于潜艇战和随后的两栖战。

不过，"无畏"号生涯短暂。12 月 21 日，它在护送从直布罗陀返回英国的运输队时，经过一场英勇战斗，最后被一艘德国潜艇击沉。负责指挥这次护送任务的沃克中校在这场持续几个昼夜的战斗中表现出色，摧毁了四艘德国潜艇（共约九艘），另还击落了两架"福克·沃尔夫"式轰炸机。某夜，他的"鹳鸟"号在黑夜中追逐一艘潜艇并与其相撞。两艘船并肩行驶，距离太近，以至于"鹳鸟"号上的四英寸口径大炮无法降低，船员急得挥舞拳头、不断咒骂，直到最后深水炸弹发挥了作用。沃克将军获得晋升，并成为著名的潜艇歼灭者。1944 年他因病逝世。逝世之前，他和他的队伍共歼灭了二十艘潜艇，其中一次击沉六艘。

德国决定派遣潜艇前往地中海，这减轻了我们在大西洋地区的负担。在直布罗陀海峡，五艘德国潜艇被摧毁，还有六艘因损坏不得不返航，但是另有二十四艘成功穿越了海峡。

*　　*　　*

伪装的德国商船继续对我国的海上贸易发起攻击。澳大利亚巡洋舰"悉尼"号在澳大利亚西海岸偶遇了德国"袭击舰 G"。德国舰船伪装了自己，竟然在开火之前成功地诱使对手驶入它的射程以内。双方船只都被击沉。二十五个德国人随后被救起，其他人则最终在澳大利亚西部登陆；可"悉尼"号上的七百多名船员却无一生还。这是这片幽僻海域上的一次重大牺牲。

几天以后，我方的"多塞特郡"号巡洋舰在南大西洋击毁了"袭击舰 G"，该袭击舰曾摧毁了我方二十艘船只，总计约十四万吨。前后共九艘伪装的德国海面袭击舰所造成的损失如下：

|  | 沉船数 | 总吨位 |
|---|---|---|
| 1940 年 | 54 | 366644 |
| 1941 年 | 44 | 226527 |
| 1942 年 | 30 | 194625 |
| 1943 年 | 6 | 49482 |

因此，1941 年，我们有理由对海上贸易之战信心倍增。1941 年 11 月，我们因德国潜艇袭击而受到的损失降到自 1940 年 5 月以来的最低值。尽管希特勒虚张声势、扩充潜艇和空军，尽管我们的海上运输舰不断增加，但英国和同盟军在 1941 年的船只损失并不大于 1940 年。当然，双方的目标都不断增大，但我们击毁的潜艇数量（包括意大利的潜艇在内）从 1940 年的四十二艘上升到 1941 年的五十三艘。本章末尾所载船只损失表值得仔细研究。

＊　　　＊　　　＊

因此，战争转折前夕，我们大大提升了军事实力，控制问题的能力也不断上升。我们感到自己已足够强大来保护自己的国家，并且能够最大限度地派遣军队前往国外。我们不知未来会如何，但在披荆斩棘之后，我们至少不再害怕。入侵并不可怕。同时，我们大洋的生命线不断延长、愈加稳固。我们每月都在加强防御通往英国的路线。德国空军和潜艇曾扬言要实行打压，如今它们的威胁已不复存在，敌人已被驱逐、远离了我们的海岸。粮食、军火和供应品源源不断地运到我国。我们的工厂的产量也正逐月提升。地中海、西部沙漠和中东地区仍处于危险之中，但在 11 月末，我们对于目前在海陆空所取得的成果感到欣慰。

### 遭袭的英国、盟国和中立国商船和渔船总吨数
#### （括号内系船舶数量）

| 1939 年 9 月 3 日至 12 月 31 日 | |
| --- | --- |
| 潜艇 | 423769（116） |
| 矿船 | 262697（79） |
| 水面舰艇 | 61337（15） |
| 飞机 | 2949（10） |
| 其他 | 7253（4） |
| 总计 | 758005（224） |

| 1940 年 | |
| --- | --- |
| 潜艇 | 2186158（471） |
| 矿船 | 509889（201） |
| 水面舰艇 | 511615（94） |
| 飞机 | 580074（192） |
| 其他 | 202806（100） |
| 总计 | 3990542（1058） |

| 1941 年 | |
| --- | --- |
| 潜艇 | 2162168（429） |
| 矿船 | 229838（108） |
| 水面舰艇 | 495077（113） |
| 飞机 | 970481（324） |
| 其他 | 332717（167） |
| 总计 | 4190281（1141） |

第三章

# THREE

与苏联的接触日益亲密

对芬兰、罗马尼亚和匈牙利宣战的问题——艾登先生同苏联大使对话——我无意同芬兰、罗马尼亚和匈牙利关系破裂——艾登先生携使团前往莫斯科——德国闪电战首次失败

如今，英苏关系主要围绕两大主题。第一是双方就军事问题的磋商并不令人满意，形势也不明朗；第二是苏联要求我们应当切断与轴心国的卫星国（芬兰、匈牙利、罗马尼亚）的所有联系。正如我们所见，莫斯科最近就军事问题所召开的会议进展颇微。关于第一个问题，我于11月1日向外交大臣发去以下文件：

首相致外交大臣：

我并不知悉我们在军事方面采取了互不商讨的态度。相反，难道我们没有告诉苏联我们会就军事问题进行商议吗？我曾拟了一份文件供比弗布鲁克勋爵参考，该文件主要讨论了除供给外的军事情况。我们派遣伊斯梅将军前往苏联，主要负责军事商讨一事。不过这无济于事，因为现阶段还未采取任何重要措施。苏联提议英国向其战场派遣二十五或三十个师，伊斯梅将军可能已用数据和事实证明苏联的提议是多么愚蠢和不切实际。在苏联任何一端增援两到三个师都可能造成交通堵塞，这一点伊斯梅将军可能已作解释。我不明白为何这些问题不曾在会议上出现。但无疑，比弗布鲁克勋爵和斯大林都曾触及军事问题。

韦维尔将军已经去过第比利斯，但却找不到当权者同他

谈话。他的俄语说得很好，所以他可能会前往莫斯科。在未来的日子里，我们只有从南翼才能进入苏联。

无论如何，请把事实整理清楚。

附言——您应该阅览韦维尔的最新电文，该电文阐释了派遣两个师到塔布里兹或塔布里兹以北会如何完全堵塞跨波斯铁路。

1941 年 11 月 1 日

我认为，只有建立军事协商机制，双方才能够以合理的方式讨论联合作战的问题。当前形势并不令人满意，这点可以从我的备忘录中看出：

首相致伊斯梅将军，转参谋长委员会：

1. 我们并不知晓德军何时会抵达高加索地区，也不知道德军会历时多久抵达山脉屏障。我们同样不知道苏联会采取何种措施、会派出多少部队、能够坚持抵抗多久。但可以确定的是，如果德军逼近，英国的第五十师和第十八师都无法及时赶赴现场。由于"十字军战士"行动的延误，我们受到了钳制，现在还无法预测未来的情况。德军是否会占领巴库油田，苏军能否有效摧毁这些油田，我对此并无信心。苏联人不告诉我们半点消息，且还提防着我们的询问。

2. 我们唯一能做的就是在波斯北部建立四到五个重型轰炸机中队基地，以帮助苏联保卫高加索。如果发生最坏的情况，我们可以轰炸巴库油田，点燃这片土地。当然，这些中队需要战斗机掩护。但只有在"十字军战士"行动之后，我们才能提供轰炸机和战斗机。我们将从利比亚向波斯转移大量空军力量以便尽可能防止敌军占领油田，你们须对此制定一个行动计划。希望此事能够在下周完成，以便我们能够看到其中牵涉的问题。没人能够断定苏联到底能控制黑海多久。

不过，以苏联的力量，失掉黑海将是不可饶恕的。

1941 年 11 月 5 日

\*　　\*　　\*

9 月 4 日，麦斯基先生与我会晤时，首次提出与芬兰断交的问题。我知道苏联一直强烈要求此事。1941 年 7 月，芬兰利用德国进攻苏联的时机重新在卡累利阿前线采取敌对行动，希望重新获得一年前因《莫斯科条约》失去的土地。1941 年秋，他们采取了军事行动，这不仅对列宁格勒造成了巨大威胁，而且对从摩尔曼斯克和阿尔汉格尔斯克到苏德前线的供给线也造成了巨大威胁。自 8 月起，美国政府和我们就一直在强烈警告芬兰该做法会造成严重后果。但芬兰的态度则是，他们需要卡累利阿这片具有争议的土地来防御苏联，而且前两年的历史更强化了他们的这种观点。可是，苏联现在命悬一线，作为同盟国，我们不允许芬兰——这一德国卫星国，切断苏联与西方联系的北部交通线。

罗马尼亚的情况同芬兰相似。1940 年 6 月，苏联占领了罗马尼亚的比萨拉比亚省，随后控制了多瑙河口。如今，同德国结盟之后，罗马尼亚军队在安东奈斯库元帅的带领下，不仅重新夺回比萨拉比亚省，而且还深入到苏联的黑海区域各省，跟芬兰的做法如出一辙。匈牙利地处横跨中欧和东南欧的交通要冲，也对德国提供直接帮助。

但我绝不认为宣战是处理这种状况的正确方式。芬兰很有可能会迫于英美压力，同意接受公平合理的和平条款。至于罗马尼亚，我们至少有理由相信，安东奈斯库的独裁统治不会长久。因此，我决定再次致电斯大林元帅，商谈军事计划、军事合作问题，以及避免向轴心国的卫星国宣战事宜。

首相致斯大林元帅：

1. 为了理清思绪并为未来出谋划策，我准备派遣英国驻

印度、波斯和伊拉克总司令韦维尔将军前往莫斯科、古比雪夫或第比利斯等地与您会晤。此外，我们秘密选定的新任远东总司令佩吉特将军也将与韦维尔将军一同前往。佩吉特将军熟悉我国一切内情，将带去最高司令部最新、最完整的意见。这两位官员将告诉您英国的立场、可能采取的行动以及英国所认为的明智之举。他们将于两周后抵达苏联。您是否希望与他们会晤？

2. 我们在9月6日的电文中告知您，我们愿意向芬兰宣战。但您真的认为英国此时向芬兰、匈牙利和罗马尼亚宣战是正确之举吗？其实这只是个形式而已，因为英国已经对芬兰实行全面封锁。我认为应该反对宣战。因为，第一，芬兰与很多美国人交情甚好，我们必须考虑到这一事实。第二，罗马尼亚和匈牙利这两个国家只是被希特勒压制，成了爪牙，一旦希特勒时运不利，它们很容易回归我方。英国宣战只能使它们不敢轻举妄动，并使人认为希特勒是整个欧洲大联盟对抗英国的首脑。务请不要认为是我们的热情或友谊出现了问题才导致我们对这一举措产生怀疑。除了澳大利亚，其他自治领都不同意这一举措。不过，如果您认为这一举措真有必要，我会再次向内阁提出。

3. 我希望我们的供给物品能够像运入时那样快速地从阿尔汉格尔斯克运出。少量物资正慢慢经由波斯运入，我们会尽力加紧这两条通道的运输。请确保我们随坦克和飞机同行的技术人员能够顺利把武器交给你方人员。目前我们在古比雪夫的使团与这些事宜断了联系，他们只是一心想帮助您。我们冒着风险运送武器，所以我们希望这些武器能够物尽其用。希望您能下达相关指令。

4. 我还不能通报当前的军事计划，正如您也未告诉我您的计划。但请放心，我们不会无所作为。

5. 为了让日本安分，我们即将派遣最新式的战列舰"威

尔士亲王"号进入印度洋，该战舰能够追捕、歼灭任何日本船只。我们还准备在那里建立一支强有力的战斗中队。我正在敦促罗斯福总统继续向日本施加压力，这样海参崴的航道就不会受阻。

6. 在褒扬方面我不会再多费言辞，因为您应该已经从比弗布鲁克和哈里曼口中得知，我们十分欣赏苏联的英勇作战。请相信我们会一直支持苏联。

7. 如果我能够直接从您那里得知您已获悉此封电报，我将十分欣慰。

1941 年 11 月 4 日

11 月 11 日，麦斯基先生把斯大林的回复电文转交给我，电文内容语气冷漠、闪烁其词。

斯大林先生致首相：

1. 您的来电已于 11 月 7 日收到。

我完全同意，苏联和英国之间应该建立透明的关系。这种透明的关系现在尚未实现，主要原因有二：

（1）两国未能明确战争目标以及战后和平组织计划。

（2）两国未能就在欧洲反对希特勒的军事互助达成共识。

只要以上任一问题未能达成共识，两国就无法实现透明的关系。不仅如此，老实说，只要当前局面存在，双方就很难建立互信。当然，对苏的军事供给所达成的共识价值颇大，但这并不能解决两国的关系问题。如果您在电文中所提到的韦维尔将军和佩吉特将军能够来莫斯科讨论以上两个基本问题，我当然乐于会见他们并讨论这些问题。然而，如果两位将军此行的目的仅是有关情报及其他次要问题，我认为便不值得去打扰他们。在这样的局势下，我很难抽出时间与他们会晤。

2. 在我看来，英国对芬兰、匈牙利和罗马尼亚宣战的问题已经到了无法容忍的局面。苏联政府是通过秘密的外交渠道向英国提出这一问题，但令苏联感到意外的是，这一问题受到了广泛的关注。整个问题起于苏联政府向英国政府提出要求，终于美国政府答应考虑这一问题。现在，媒体任意讨论这一问题，既有善意，也有恶意。然而在这一切之后，英国政府告知我们他们对我们的计划采取消极态度。那又何必大动干戈呢？是为了表明两国之间缺乏团结吗？

3. 您可以放心的是，我们正在采取一切必要措施尽快将英国运往阿尔汉格尔斯克的所有军械运往目的地。对于经由波斯的通道，我们也会采取同样的措施。我想请您注意一个问题（虽然问题不大），坦克、飞机和大炮是在包装不良的情况下运达，有时一部车辆的部件却被分装在不同的船上，而且由于包装不良，飞机运到时已经有所损坏。

1941 年 11 月 8 日


\*　　　\*　　　\*


随后，甚至斯大林自己都感到自己的语气太过不友好，但我并不想答复此封邮件。缄默足以表达我的看法。11 月 20 日，驻伦敦的苏联大使到外交部访问艾登先生。以下便是艾登先生对此次谈话的纪录，他将其以电报形式发给了正在古比雪夫的斯塔福德·克里普斯爵士：

外交大臣致斯塔福德·克里普斯爵士：

今天下午，苏联大使要求见我，他说斯大林先生有些指示要向我传达，斯大林先生最近发给首相的电报只是就事论事，无意冒犯任何英国政府官员，更无意冒犯首相。

斯大林先生确实被前线的事务缠身，无暇顾及其他。他

提到的有关在欧洲反对希特勒的军事互助和战后和平组织等都是重要且实际的问题，这些问题十分重要，因此我们不希望因为私人误会而造成问题复杂化。斯大林先生在制订方针时已经克服了一些个人情绪，因为芬兰事件对他和整个苏联带来了巨大伤害。"我的祖国"，斯大林先生说道，"受到了巨大的屈辱。我们悄悄地向英国发出请求，随后我们的请求却被公开。可英王陛下政府却认为我们的请求不可能实现，这对我的国家是个巨大的羞辱，对我的人民造成了深深的伤害。"虽然斯大林先生深受伤害，但他仍旧只追求一个目标：在欧洲反对希特勒的军事互助和建立战后和平组织这两个问题上达成一致。

1941 年 11 月 20 日

斯大林的回复已清楚地表明，按照苏联领袖们目前的看法，进行纯粹的军事对话收效颇微。斯大林关于芬兰的电报中几乎是歇斯底里的语调，这表明了我们两国之间在相互理解方面存在着分歧。因此，我提议派遣艾登先生衔命赴苏，以进一步缓和两国的关系。11 月 21 日，我本着这个目的给斯大林发送了电文：

1. 我已收到您的电文，对此非常感谢。战争之初，我与罗斯福总统之间就有私人联系，这让我们彼此之间建立了牢固的信任，也提高了办事速度。我唯一的愿望就是能够与您建立同样的伙伴关系和信任。

2. 关于芬兰问题。9 月 4 日我向您发送电文时，我就已准备建议内阁向芬兰宣战。如果我们对芬兰宣战，把芬兰跟罪恶的轴心国置于同一条船上，芬兰可能会一战到底；但如果芬兰能够按兵不动，这可能更有利于苏联和我们的共同事业。然而，如果今后两周内芬兰仍不停战，而苏联仍然希望我们向芬兰宣战，我们定将照办。我同意您的看法，认为不

应对两国事宜进行大肆宣扬。当然，责任并不在我们。

3. 如果我们在利比亚的进攻能像我们预期的那样摧毁德国—意大利军队，那么英王陛下政府便能够以更加从容的姿态来纵观全局。

4. 为了这一目标，我们愿意在不远的将来派外交大臣艾登先生（您认识）穿越地中海去莫斯科或其他任何地方与您会晤。军事高官和其他专家将会陪同他一起前往，并讨论各种与战争相关的问题，不仅包括派遣军队前往高加索，也包括前往您方所在的南方战线。我们的运输资源和交通资源都不允许使用大批船只，正因如此，所以您不得不在穿越波斯的军队和供给物资之间做出选择。

5. 我发现，您也希望讨论战后和平组织事宜。我们的目标是与您站在统一战线共同对抗敌人，并尽我们所能与您协商，无论这场战争将持续多久。当我们胜利后（我确信我们一定会胜利），我希望苏联、英国和美国将作为击溃纳粹的主力军相会于胜利者的会议桌上。当然，我们的首要目标是防范德国，尤其是防止普鲁士进行第三次袭击。虽然苏联是共产主义国家，而英国和美国不是，将来也不会是，但这不能阻止我们为了共同安全和利益来制定良策。外交大臣将会就这方面的全部问题与您商讨。

6. 苏联对莫斯科和列宁格勒的保卫，以及对苏联前线侵略者的抵抗，很可能会给纳粹内部结构带来致命的破坏。但我们不能抱着侥幸的心理，而要尽全力打击敌人。

斯大林先生于两天后回复我，语气稍有平和：

斯大林元帅致首相：

1. 感谢您的电文。我十分赞同您在电文中的期望，希望我们能够在友谊和信任的基础之上增进私人接触，从而相互

合作。我希望这能够有助于共同事业的胜利。

2. 在芬兰问题上，苏联除了要求芬兰停止军事行动和真正退出战争以外，从未——至少在最初没有——提出任何别的要求。然而，如果芬兰拒绝在英国所给定的时间内服从要求，那么我认为英国有必要宣战。否则，外界会认为我们两国没有团结对抗希特勒和其帮凶，希特勒的帮凶犯下罪行之后还能够继续逍遥法外。至于匈牙利和罗马尼亚问题，我们可以稍微搁置。

3. 我完全赞同您尽早派遣外交大臣艾登先生访问苏联的提议。我认为，就英苏两国前线的共同军事行动进行磋商达成一致，并迅速付诸实施，会带来积极的影响。有关战后和平组织的计划应当基于阻止德国这样一个理念，尤其是阻止普鲁士再次打破和平、再次将各国人民推入水深火热之中，这种理念是正确的。

4. 我也同样认为，虽然苏联同英美两国的国家组织形式不同，但这不应该也不能阻碍我们解决获得共同安全和合法利益等基本问题。如果在这方面仍有遗漏和疑问，我希望能和艾登先生进行协商解决。

5. 我衷心祝贺英国的利比亚之战首战告捷。

6. 苏军与德军仍处于紧张交战状态。尽管困难重重，但我军会一直加强抵抗力量。我们战胜敌人的决心不曾改变。

1941 年 11 月 23 日

\*　　\*　　\*

由于斯大林的迫切请求，我不得不对芬兰、罗马尼亚和匈牙利下达最后通牒、给定最后期限。我十分不情愿处于这样的位置，以下备忘录可见。

首相致外交大臣：

　　您似乎认为向三国（芬兰、匈牙利和罗马尼亚）宣战是理所当然的事。我不希望在不知晓芬兰的下一步行动之前就采取鲁莽行动，况且3日太早，5日刚好是我给斯大林发去电报的两周后。我今晚就将把电报发送给曼纳海姆。我们必须留有足够时间以便回复。

　　我对宣战的态度一直未变，依然认为这是不明智之举。我仍然希望芬兰能够撤退。我不曾料到会在此刻采取这一步骤。

1941 年 11 月 28 日

首相致外交大臣：

　　有关芬兰等国。如果芬兰能有一线希望退出大战，我还是愿给出足够的期限。我给斯大林的电文中也说道，"如果今后两周内芬兰仍不停战，而苏联仍然希望我们向芬兰宣战"，我们将随之采取行动。如果我们到5日还不曾听闻芬兰撤出战争的消息，或听到他们拒不合作，我们便会向斯大林发出电文"如果苏联仍希望我们宣战"，我们便会宣战。随后也会按照斯大林的意愿对罗马尼亚和匈牙利宣战。

1941 年 11 月 29 日

*　　　*　　　*

　　与此同时，在苏联政府知情和同意的情况下，我认为值得向芬兰领袖曼纳海姆元帅本人作最后一次个人呼吁。

首相致曼纳海姆元帅：

　　想起行将发生的事情，我深感悲痛。英国出于对我们盟友苏联的忠诚，将不得不在几天后对芬兰宣战。一旦宣战，

我们将会相机而动，进行战斗。毫无疑问，你国军队在战时已经行进得很远，足以保卫自身的安全了。现在可以中止行动并撤出战争了。芬兰无须做出任何公开宣告，只要远离战斗、停止军事行动（在寒冬可以找到各种理由）、真正退出战争即可。我希望阁下能够相信，英国将会击溃纳粹，我们比 1917 年和 1918 年更有信心。如果芬兰与十恶不赦、弃甲倒戈的纳粹为一丘之貉，芬兰的英国朋友将会极其痛心。我想起上次大战我们两国对话融洽、通信友好，这不禁让我向您发出这封纯属私人的电报供您考虑，希望为时未晚。

1941 年 11 月 29 日

12 月 2 日，我收到了曼纳海姆元帅的复电。

曼纳海姆元帅致丘吉尔首相：

　　昨日我有幸收到美国驻赫尔辛基公使转交您给我的 1941 年 11 月 29 日电报，非常感谢您的好意。我相信您也知道，芬兰没有得到必要的安全保障之前，我方不可能停止目前的军事行动。如果这些旨在保卫芬兰的军事行动会导致芬英交战，我将感到十分遗憾。对于您不得不向芬兰宣战，我深感痛心。承蒙您在这艰苦岁月中向我发来私人电报，万分感谢。

1941 年 12 月 2 日

这封复电清楚地表明，芬兰不准备撤军到 1939 年的边界，因此，英国政府按照事先的计划，向芬兰宣战。随后英国也对罗马尼亚和匈牙利采取了类似的行动。

＊　　　＊　　　＊

艾登先生的莫斯科之行就是在这样一个背景下展开准备工作的。

他将由帝国副总参谋长奈将军陪同前往。莫斯科会谈将会就战争的军事方面和其他方面做一个整体回顾，如果可能，双方还会达成一份正式的书面联盟协议。

12 月 5 日，我给外交大臣起草了一份总指令，该指令从英国的立场回顾了战争的诸多方面。接下来要谈到的沙漠之战已达到高潮。

首相致外交大臣：

1. 利比亚战役的拖延让轴心国有了足够的时间补充资源，这将需要我们调动第五十和第十八两个英国师，而我们原本打算将这两个师派往高加索或苏联前线协助作战。因此，这两个师近期无法调用。我们可采取的最佳援助形式（除供给外）是向苏联军队的南翼派遣一支强大的军队，比如十个空军中队，他们可以保护苏联在黑海的空军基地。一旦利比亚战役取得胜利，这些中队就需尽早撤回。运输这些空军中队的地面人员和辎重部队不会堵塞跨波斯的交通要道，但如果派遣步兵团，就可能会过度堵塞波斯要道。中东最高司令部已接到命令策划此次行动，该行动的胜利取决于侦查设备。

2. 土耳其的态度对苏联和英国越来越重要。土耳其军队的五十个师需要空中掩护。我们已承诺，如果土耳其被袭击，英国将提供四到十二个战斗机中队。为此，我们可能需要从派往苏联南部战场的飞行中队中撤出部分中队来协助土耳其。至于如何最大化利用黑海两岸的飞机以及使用何种型号的飞机，这些将由英苏两国政府和参谋部协商决定。

1941 年 12 月 5 日

\*　　\*　　\*

在这些事件交替进行时，苏联前线的军事危机已慢慢消退。希特勒决定放手一搏，故 11 月 13 日，他发布"秋季攻势"的命令，以期

在年底前拿下莫斯科。博克和古德里安曾反对该计划，他们建议德军应在严冬掘壕固守，不过该建议被驳回。11月末，德军在两翼取得了一些小进展，但他们于12月4日发动的中路攻势全面崩溃，这不仅仅是因为苏联军民顽强抵抗，还因为这时严寒来袭。自动武器运转失灵，飞机和坦克的马达无法启动，且由于冬季军服不够保暖，德国士兵在冰天雪地里瑟瑟发抖。

　　一个世纪前，一位军事天才①也曾踏过这条道路。如今，希特勒跟他一样，终于知道苏联的冬季意味着什么。面对残酷的现实，希特勒不得不屈服，于是下令让军队撤回到后方，不过军队还是要随时抵抗苏军的进攻。这类进攻当然不会少。此后至年末的这段时间里，苏军一直不断进攻。位于莫斯科南部和北部的德国装甲部队不断被逼退，直到12月31日才稳定在离莫斯科城六十英里的一条南北走向的战线上；而此前，德军曾进入到距离莫斯科城只有二十英里的地方。北部的德军也不走运。列宁格勒确实曾被敌军完全切断联系，南有德军、北有芬兰军，被紧紧包围，但是所有进攻都被苏联人击退。南方的德军则收获较多。龙德施泰特曾抵达罗斯托夫，并绕道前往高加索，不过由于他冒进而被击退四十英里。尽管如此，他还是已经推进了五百英里，坐拥苏联南部的工业基地和乌克兰肥沃的麦田，只剩下克里米亚还有一些苏联人尚待驱逐或歼灭。

　　这样，德国在为时六个月的攻势中取得了不小收获，并给对手造成了巨大的损失（换做其他国家是不可能存活下来的）。但是，德军企图占领的三个目标——莫斯科、列宁格勒和顿河下游，仍牢牢掌握在苏联人手中。德国人离高加索、伏尔加和阿尔汉格尔斯克仍旧很远。苏联军队坚韧不拔，愈挫愈勇，实力大大增长。冬季已至，必将迎来一场持久战。

　　所有反对纳粹的国家，无论大小，看到德国闪电战首次失败，无不欢欣鼓舞。只要德国还置身于东部战场的生死搏斗，它就没有可能

_____

　　①　指拿破仑·波拿巴。——译者注

入侵英国。至于这场搏斗要持续多久，无人知晓。不过，希特勒至少仍对未来充满信心。秋季，他与其将领多次意见不一，且将领们让他多次失望，于是他将总司令勃劳希契解职。随后，龙德施泰特也被解职。自此以后，希特勒亲自指挥东部军队。他对自己的指挥才能充满信心，满心希望苏联在 1942 年早日崩溃。

*　　*　　*

　　我们同苏联的商谈（后期似乎进行得还算顺利）已叙述过了，接着将介绍奥金莱克将军在西部沙漠发动的攻势。12 月 7 日，日本袭击美国珍珠港，这不同程度地转移了我们的商讨和攻势。在世界各国力量发生巨大变化时，我们将适时回到这一主题。

第四章

# FOUR

路 在 前 方

英国 1941 年的秋季计划——西部沙漠之战有望获得决定性胜利
——唯一有可能的"第二战场"——奥金莱克要求进一步推迟作战
——艾德礼先生访问华盛顿——建议美国派兵前往北爱尔兰——赢得
沙漠之战的深远影响——我们放弃"西西里岛计划"——如果苏联战
败，德国的下一步计划——德国在地中海实力虚弱的几个月——德国
潜艇抵达战场

　　相似的政策和指示让我能够跟罗斯福总统保持着最为密切的联系。
我每周甚至每天都会向他讲述英国的想法、意图以及战争总体情况。
无疑，我们之间的交流往来得到了他的重视，引起了他的关注和关怀。
当然，他的回复比较保守，但到现在为止，我清楚地知道他的立场以
及他的意图。我统领的是一个正受仇敌攻击的国家，需要想方设法战
胜仇敌。他是强大的中立国元首，高高在上、威严无比，十分希望自
己的国家能够为自由而战，但却暂时还不知道如何去做。这时，英国
必须制定自己的作战计划：如何调集一切军队打败希特勒，如何通过
供给和小规模行动帮助苏联，最重要的是，如何生存下来！
　　不过，我对 1941 年末和 1942 年的军事行动已有了初步计划，并
在很大程度上获得了三军参谋长的支持。在这个时期，这项计划的制
定基础当然是美国仍置身战争之外但会给予国会所批准的一切援助。
从我与总统的通信里，我发觉总统十分留意海军事务，他对法属北非，
包括达喀尔、西班牙和葡萄牙在大西洋的岛屿都十分关注，这不仅仅
是基于美国考虑，而且源于他的个人想法。这些观点与我的想法不谋
而合，而且我相信，不管是我们单独作战，还是与美国并肩作战（假

如美国参战），我们的策略都会非常契合。

我希望我们可以赢得沙漠之战这一关键性的胜利，把隆美尔从利比亚和的黎波里塔尼亚赶出去。如果一切进展顺利，可能导致突尼斯、阿尔及利亚和摩洛哥脱离维希而集合起来，甚至维希自身也会加入其中，这是希望中的希望。但是，在德国陷入对苏战争之时，我们在大不列颠王国内已准备了一个装甲师和三个野战师，他们实力雄厚，能够前往西地中海的任何地方。如果我们拿下了的黎波里，且法国按兵不动，那么我们所占领的马耳他岛能够帮助我们袭击西西里岛，这样一来，我们就仅凭一己之力在西线开辟了唯一有可能的"第二战场"。无论我们在战场上运气多好，我也看不到我们在1942年将会取得什么样的成果（除了挪威）。西西里岛进攻计划正由三军参谋长和计划委员会仔细筹备。我们称之为"鞭绳"计划。

一旦打败隆美尔，摧毁他规模较小但精悍的军队，那么我们就获得了的黎波里，这样就有可能让我们四个骁勇善战的师（八万人左右）登陆并占领西西里岛。德国空军曾经从西西里岛机场出动并千方百计攻击我们，现在被召去苏联，因此岛上现在没有德国军队。我们的远征军在海上航行，进入地中海，敌人当然会发现我们。但是，敌人并不知道我们到底是要前往法属北非（比塞大、阿尔及尔、奥兰）还是要去西西里岛抑或是撒丁岛。这就是海军所享有的选择优势了。1942年大不列颠和大英帝国还有别的积极进攻计划吗？我们如何大规模进攻德国？战争经常变化无常，是否还有别的可观计划供我们选择？这可能超出了我们的能力，也可能中途出错。但无论如何，这不会危及我们在大西洋的生命线，也不会影响我们的自我防御能力。

看清前方的道路是一回事，而走上这条道路是另外一回事。但计划在手总比一无所有要好。奥金莱克将军长期准备的攻势能否取得胜利是现在的关键转折点。我们还必须注意未知的危险，例如德军可能深入里海区域，或从土耳其进入中东（叙利亚、巴勒斯坦、波斯、伊拉克）。但我始终认为这些情况发生的可能性较小，后来证明这一看法是正确的。在制订计划的每个阶段，我都获得了三军参谋长、国防委员会、战时内阁同僚们的支持和信任。最终，所有目标都按既定次序进行，不过直到 1942 年和 1943 年才完成，而且当时的形势已大不相同，比我们 1941 年 10 月份的预测更为有利。

\* 　 \* 　 \*

　　虽然种种猜测对我们的高层产生了一定的影响，但我仍坚信进攻大陆的准备工作和计划不能松懈。罗杰·凯斯爵士已七十高龄，他在建立突击队和建造进攻舰船方面做出了突出贡献。他高居海军元帅职位，但性格强硬，常常与海军各部门产生摩擦，因此，我个人认为任命一位年轻的海军将领会得到大家的赞同，而对于凯斯爵士，我只能深表遗憾。在我看来，路易斯·蒙巴顿虽只是皇家海军的一名上校，但他能力突出、战功赫赫，十分适合这个位置。他现在身负特殊使命前往美国，在那里，他受到了热情的接待。他同太平洋舰队一起巡游，回到华盛顿之后，他跟总统进行了长时间的讨论，并经我授权将我们登陆欧洲所进行的准备工作和我酝酿的计划告知了总统。总统对他表示出极大的信任，邀请他到白宫小住几日，可他还没来得及拜访白宫就被我召唤回国。

　　首相致路易斯·蒙巴顿勋爵：
　　　　我们请您立即回国商讨事宜，您定会对此事感兴趣。
　　　　　　　　　　　　　　　　　　　　　　1941 年 10 月 10 日

　　首相致哈里·霍普金斯先生：
　　　　国内有紧急工作需要蒙巴顿回国处理。请向总统解释蒙巴顿勋爵对不能赴白宫之约深表遗憾，他深感荣幸能获得总统的邀请。他会在离美前再次谒见总统。
　　　　　　　　　　　　　　　　　　　　　　1941 年 10 月 10 日

\*　　　\*　　　\*

奥金莱克将军要求把进攻向后延期将近两周以完善安排，我对此感到生气。

首相致奥金莱克将军：

您的电报加重了我的忧虑。您向国防委员会提出了延迟日期的请求，虽然我们认为延迟作战危险之极，但我们还是接受了您的要求，并根据整体计划努力跟进此事。我们无法向议会和国民解释为何苏联被敌人打得面目全非，而我们的中东部队却停火了四个半月。我尽力防止公众议论，但舆论仍可能随时爆发。而且，能够取得胜利的那段关键时期已经过去。您并未事先通知我延期一事，也未给出理由。周一我必须告知战时内阁您所要求的再次延期天数。

此外，周一掌玺大臣将前往美国，并向总统递交一份私人信件。在该信件（由总统亲启且阅完后烧毁或退回）中，我正欲告知总统，您将在 11 月初的月明之夜进攻。我认为有必要让总统信任我们，从而激励他采取友善措施。关于我们正在准备的"鞭绳"计划，我在信中请求总统派遣三到四个美国师以援助我们在北爱尔兰的部队，使我们防御德军春季入侵获得更大的保障。我是根据您给我的日期来确定掌玺大臣的出访日期。当然，如果只是耽搁两三日，那倒无大碍。但是，如果我们商定的计划无故有变，且又未事先告知我，那么我将无法协调总体战略行动。因此，望您能及时复电。

1941 年 10 月 18 日

如奥金莱克将军所愿，进攻日期最终定为 11 月 18 日。

\*　　\*　　\*

　　我猜测总统可能正在思索，于是我决定在奥金莱克采取重大行动的前夕向总统表明我的想法。艾德礼先生现已成为公认的副首相，他将前往华盛顿参加国际劳工会议，并亲自转交下列信件给罗斯福总统。后面可以看到，这跟罗斯福总统的想法不谋而合。

首相致罗斯福总统：

第一部分

　　1. 今年秋季，奥金莱克将军将会在昔兰尼加大力攻击德国和意大利军队。① 我们认为，他在兵力、大炮、飞机，尤其是坦克方面的实力都强于敌人。他的目标是摧毁敌人的武装部队，尤其是装甲部队，尽快攻下班加西。

　　2. 如果这一行动成功，我们便可实施快速进攻的黎波里的计划。如果这一计划也成功，我们将会获得重要优势。当然，为慎重起见，我们应事先加以研究。

　　3. 魏刚将军可能会被鼓动加入这场战争，或者，德国人可能要求他或维希政府在法属北非给予德国人便利，从而迫使他加入战争。

　　4. 为了成功应对这些意外事件，我们保留了一个装甲师和三个野战师，准备于 11 月中旬出动。这支力量可以在法国的允许下通过卡萨布兰卡进入摩洛哥，或是在地中海区域协助利比亚地区的军队取得胜利。

　　5. 为了有效掩护这些准备，我们筹划了袭击挪威海岸并在摩尔曼斯克增援苏军的大规模作战计划。这些计划有些已经成形，有些仍是设想。

---

　　① 实际的日期和"十字军战士"这个代号是在另一个单独的备忘录中说明的。

6. 因此，除第十八师外（该师将于 11 月 7 日绕道好望角到苏伊士的航线抵达哈利法克斯），我们很可能不得不从英国运送四到五个师。我们必须预料到，一旦希特勒稳固了苏联战线，他便会开始在西部集结五十或六十个师以进攻不列颠群岛。我们收到报告（虽然可能夸大其词），称德国正在建造八百艘舰船，每艘舰船能够装载八到十辆坦克穿越北海，能够在海滩的任何地点登陆。当然，还有伞兵和空降部队的袭击，规模如何尚未得知。现在我们预测敌人的行动如下：1939 年，波兰；1940 年，法国；1941 年，苏联；1942 年，英国；1943——？无论如何，自 3 月起，我们都必须时刻准备应对一场大战。

7. 在这种情况下把四到五个师（包括一个装甲师）调离英国，我们显然是在冒险。如果事态的发展能够像我们预想的那样顺利，如果我们真的把国内军力削减到上述程度，如果您能在爱尔兰北部（当然要事先获得爱尔兰政府以及英王陛下政府的允许）部署一个美国陆军军团、装甲师以及所有可用的空军，那么，除了正在替换的冰岛部队，我们还可以撤出现有的三个英国师来保卫大不列颠，这将给我们带来极大的信心和军事优势。

8. 如果我们获悉您愿意采取这一行动，那么我们便可更加自由地按照计划稳步前进。而且，美国军队驻扎在北爱尔兰不仅能够对整个爱尔兰产生巨大的影响，带来不可估量的有利后果，还能阻挠德国的入侵计划。我希望您能够仔细考虑这件事。不过，我建议最好不要在战争走向明朗之前做出任何决定。

……

谈完指挥问题和海空军与陆军的关系之后，我继续写道：

第二部分

13. 我收到的所有信息都显示，昔兰尼加战役的胜利将会改变整个地中海的战争格局。西班牙可能因此受到鼓舞而争取中立，本就士气低落的意大利也可能因此为之一振。最重要的是，土耳其也许会更加坚决地抵抗希特勒。我们不要求土耳其在此时参战，我们只求它在德国的威逼利诱之下绝不动摇。只要土耳其未被侵犯或诱惑，这块四四方方的贫瘠之地对我们尼罗河军队的东翼来说便是一个不可逾越的屏障。如果土耳其被迫加入战争，我们当然会给予其最大的援助，这些援助在别处（如北非和高加索）可能具有更大的利用价值。我们承诺支援土耳其（取决于军事局势）四到六个师、二十或三十个空军中队，并与其共同在安纳托利亚修建机场。但土耳其真正需要的是英国战胜德国，这样才能保证其安全，让一切诺言成真。

14. 以上布局意味着我们不能在接下来的六个月里向苏联提供重大援助以保卫高加索和里海流域。我们所能给予的最大帮助就是去接替波斯北部的五个苏联师。如果这些师被调回苏联本土作战，我以英国的诚信向斯大林保证，我们绝不会让苏联的利益损失一分一毫，也不会以牺牲苏联为代价在波斯攫取利益。然而，我还不清楚如何在指定时间内向高加索派出一支真正的军队（而非象征性的军队），苏联又如何象征性地留在波斯。苏联人的出现、他们的理论以及他们的行为肯定扰乱了波斯，而如果波斯发生骚乱，也就意味着我们要另部署三到四个英国—印度师来维持波斯湾到里海的交通畅通。这些交通要道是对苏联援助的重要通道，另派军队平复混乱只会降低我们援助苏联的效率。我一直试图让苏联明白这一点。

15. 在大西洋会晤之前，我于 7 月 25 日给您发了一封电文，我在电文中谈到了 1943 年的长期计划，即向三到四个起

义时机成熟的国家派遣一万五千辆坦克同时登陆，这些坦克都由上百艘特别制造的远洋船舶搭载。我曾建议你们在这一阶段对大规模建造的部分商船进行简易改造。我现在把海军部制成的样图发给您，图中清晰显示了改造方法。您将发现，这些改造只需要花费五万英镑，但要耽搁一些时日。我认为，至少需要改造两百艘船。计划不会在 1943 年之前实行，因此时间充足。但是，跟坦克计划相对应的问题是如何装运这些坦克让它们远渡重洋，并在防守缺失的海滩（该海岸线漫长且受到希特勒的强力防御）登陆。因此，我相信，总统先生您一定会赞同这一计划。

16. 我把有关使用高射炮和野战炮的使用说明发给您。这跟第一部分所描述的进攻相关，跟本国抵抗侵略的陆军编制也有关联。我们所有的权威人士对所提出的原则都表示赞同，如果您认为有必要，您也可以把该文件给您的军官阅览。

17. 我也整理了一份有关不列颠和英帝国陆军现在和将来的编制文件，供您个人参阅。我们打算在 1942 年施行该编制。当然，正如所阐释的那样，一百个师这个数字并不意味着一百个标准野战师。有些是卫戍部队，有些是高射炮队，有些是旅。但是，从广义上说，这比开战之初的军事部署力量更加强大。这一部署是有可能的，因为我们自敦刻尔克撤退之后并未遭受重创，而且我们的军火和物资不但未被大量消耗，反而有所累积。

18. 我还未提及近日威胁见长的日本，也未提到您给予大西洋的帮助，因为我们在会面时已完全讨论过这些问题，而且我们的预想正一步步成真。但我仍旧认为，美国对日采取的措施越严厉，和平就越持久。然而，万一和平被打破，美国对日本开战，请您相信，英国会立即对日本宣战。我们希望能够在圣诞节之前向印度和太平洋提供一支可观的战斗中队。

19. 最后,总统先生,我十分羡慕掌玺大臣能够飞往美国与您促膝长谈。我无法离开本国,只能致此长信。我是否可以要求您对我们未来行动的军事计划绝对保密、只供您一人知晓?为此,我特意将信件的第一部分(包括我们进攻的确切日期)和第二部分分开,希望您在阅毕后将其焚毁。

致以最诚挚的问候和祝愿。

您真诚的朋友,温斯顿·丘吉尔

1941 年 10 月 20 日

\*　　\*　　\*

我通过国务大臣向中东总司令传达了这些计划,为了让他们意识到他们即将打响的"十字军战士"战役可能为我们开辟一条前进之路,也为了让他们知道此次战役的紧迫性。这封文件交由另一群人,其内容与艾德礼先生交由总统的信件一致,但强调的是另外一个方面。

首相致国务大臣:

1. 没人能够认定德国将会在冬季继续与苏联纠缠。看似更加可能的是,在未来一个多月内,苏联的前线(除南部)将会继续按兵不动。即便守住了莫斯科和列宁格勒,但由于失去了军火储备,苏联将(暂时)降为二等军事强国。任何时候,希特勒都可以留下例如三分之一的军队去进攻苏联,另外还仍有足够的军力去进攻英国、向西班牙施压、增援意大利以及向东挺进。

2. 因此,请不要认为事态在明年或开春会有所好转。相反,就"鞭绳"(西西里岛作战计划)计划来说,这是一个"时不我待"的好机会。在我看来,12 月底,这些希望就会永远破灭。

3. 希特勒的弱点是空军。英国的空军本就比德国强大,

加之美国的援助，英国空军实力大大增长。苏联的空军数量大概是德国的三分之二，空军组织得全面深入、状态良好。即使把意大利空军计算在内，希特勒也无力同时掩护陆军部队的行动。然而，英国空军的主力必须留在国内等待以应对入侵，所以大部分空军都还没有出动。

4. 所以，对我们来说，关键是找到有利时机在不同的战场逼迫敌军出动飞机。"鞭绳"计划就很有可能为我们创造这样一个机会。

5. 如果我们能够在1月份之前占领的黎波里、马耳他、西西里岛和撒丁岛的机场，并在这些机场站稳脚跟，那么我们的轰炸机便可从国内出动并以上述机场为基地对意大利这一轴心国薄弱环节进行猛烈袭击，可能取得决定性的胜利。意大利在西西里以北缺乏飞机场，这一点能够让我们的计划成功。在这个新战区内的一切空战都会直接削减敌人进攻大不列颠、尼罗河的实力，也会削减敌人支援东南部军队的战斗力。

6. 英国空军占领地中海中部也会使我们获得其他优势。根据上文所述，地中海的海上航线将对我们强大的护航舰队开放，船舶方面也将会有很大节省，并给东部战场作战带来巨大支援。

7. 这些成就（包括英军登陆突尼斯）会引起法国和法属北非做出反应，这可能会让魏刚采取行动，从而带来巨大的好处。

8. 当然，以上所述以"十字军战士"行动获胜为基础。如果"鞭绳"计划与"杂技家"计划（英国占领的黎波里塔尼亚）同时展开，那么敌军的重要兵力（尤其是空军）便会被"鞭绳"计划牵制，您定会为此感到高兴。敌人面前突然同时出现多个攻击目标，没有什么比这个让我们更有安全感，或让敌人方寸大乱了。当敌人正从苏联战场撤回多余空军，重新武装他们以用于其他战场而留出的这几个星期里，这种方法尤为适用。我相信您一定意识到了，如果利比亚经过了充分准备还仍逐步缓慢推进，如履薄冰，其他地方也无任何行动，那么必定会招致敌人进行最大限度的反抗，也使得敌人拥有足够时间来反抗。这样的路线方针会使德军获得充足的时间来加强西西里岛的防御，从而进一步控制意大利。我希望您能如我一样感觉到，眼前的机会稍纵即逝，我们现在获得的喘息时间是多么短暂，只有德国处理完苏联战场和重新在其他战场排兵布阵之间的这段时间。正如您所言，这只是"时机问题"。

9. 敌人如果得知我们试图在地中海中部取得制空权并开辟航道会是何种反应？希特勒将在意大利建设机场，故他仍需要一段时间才能发挥空中优势。因此，他势必会向西班牙施压，让其关闭直布罗陀海峡。我们相信，忧心如焚、饥饿难耐的西班牙人民到时定会憎恨并反抗德国的入侵。英国的"十字军战士"计划获胜，必会深深影响西班牙政府的情绪。希特勒无疑可以强行挺进西班牙，正如他控制意大利那样。他的阻碍在政治领域。希特勒的目标是在德国霸权和新秩序之下建立一个欧洲合众国，但这不仅取决于德国征服各国人民，更取决于各国人民的配合。他在许多国家持续不断地进行谋杀与报复、屠杀人质等，没有什么比这个更能有效粉碎他的希望了。如果像征服其他国家那样强行征服西班牙和意大利，那么这将是希特勒非常危险的一步。

10. 以此看来，"十字军战士"计划和"鞭绳"计划应该并举且相互配合。我们必须认识到，我们不能除了利比亚行动而无其他行动了。苏联请求我们尽快派遣一支英军去替代苏联左翼的部队。英国民众也正因我们无所作为而愤慨，所以我们不可能一直拒绝苏联的请求。因此，如果我们决定放弃"鞭绳"计划或应法国邀请在法属北非采取另一行动计划

（如三军参谋长报告所述），那么就有必要尽快安排向苏联调动一支军队。

11. 如果您有进一步的建议，请于周一晚国防委员会开会前交予我们。

1941 年 10 月 25 日

*　　*　　*

然而，开罗的总司令们却有着不同的观点。他们把尼罗河三角洲和苏伊士运河、巴士拉和高加索以及陶鲁斯山脉的防御视为首要之举。他们认为拿下西西里岛既无必要也不可行。他们把重点放在右侧和东面，但如果最终决定向西前进且我们的努力有所收获，他们宁愿占领比塞大也不愿拿下西西里岛。我完全理解他们的想法，而且驻扎印度的韦维尔将军也同意他们的观点。他们在 10 月 27 日的电报中阐述了他们的结论，其中包括许多我已提出过的论点。

最终，我放弃了攻占西西里岛的想法（"鞭绳"计划）。

首相致伊斯梅将军，转参谋长委员会：

1. 鉴于中东传来的最新电文，且您坚决放弃"鞭绳"计划（我赞同您的这一主张），我现在认定这一计划已终止。

2. 然而，如果"十字军战士"计划和"鞭绳"计划成功，我们便应准备一支相当于两个师和一个装甲师的军队。即使我们采取行动，也不要期望魏刚将军会邀请我们进入比塞大和卡萨布兰卡。如果他当真邀请我们前往，那我们当充分利用这一转机。该区域总司令应立即研究这一问题，并与中东总部，特别是坎宁安海军上将商议此事。

3. 这种情况可能产生的原因有二：一是英国胜利让法国士气大振；二是德国可能或已经失去的黎波里，于是要求贝当让他们使用这一战区，这种情况也不是不可能。

4. 这一行动命名为"体育家"计划。

5. 现在重要的是，应该知道下达什么命令来将"鞭绳"计划转为"体育家"计划，从而把船舶损害减小到最低；其次是，知道对船舶有何需求以及这些需求所产生的影响。

6. 我收到美国方面的消息，美国友人对美国干预摩洛哥的想法颇感兴趣，诺克斯上校曾对哈利法克斯勋爵谈到派遣十五万美国军队登陆摩洛哥。如果真有可能，我们必须在"十字军战士"计划成功后适时地向魏刚将军提出一项相似的计划或至少一份英国的计划。这可能扭转局势使之对我们有利。因此，该项计划必须言之有效。我不会向总统提出此计划直到"十字军战士"计划取得明显收效。

7. 我收到了总统请路易斯·蒙巴顿勋爵转交给我的信，他在信中对丹吉尔表现出了浓厚的兴趣。虽然这一想法有待考虑，但这无疑会给西班牙和法国带来困扰，我们不应该为此而牺牲与法国人合作的机会。

1941 年 10 月 28 日

除了放弃西西里岛计划，我们所有人都相信我们对各种价值和各种机会的评估，因此，我在决策方面也不难统一。

首相致伊斯梅将军，转参谋长委员会和帝国总参谋长：
    我们已充分了解了韦维尔将军的观点，最终决定按照以下顺序展开行动："十字军战士"计划、"杂技家"计划、"体育家"计划。万不能颠倒顺序。

1941 年 11 月 2 日

如果一切进展顺利，我们的计划将完成以下目标：击败隆美尔的军队且肃清昔兰尼加之敌；挺进的黎波里；在法国的帮助和邀请之下进入法属北非地区。西西里岛计划取决于前两个计划的成功，并可以

替代第三个计划。但这些都只是设想，因此我不愿继续同中东指挥部进行战略上的争辩。

首相致国务大臣：

对于您和奥金莱克将军有关"十字军战士"的电文，我无言以对，只能沉默。除非我们知道这个计划是如何进行的，否则无法对未来做出预测。战争面纱不可揭起而窥。

1941 年 11 月 11 日

\*　　\*　　\*

我们不妨看看敌人心里在想什么。

1941 年 7 月，德国陆军作战部曾研究过名为"东方"的作战计划，旨在推翻英国在中东的地位。他们的主要设想是基于在秋季取得对苏联战争的胜利。如果真如此（一个大大的如果），高加索地区便会派出一支装甲兵团在 1941 年末至 1942 年初的这个冬季经由波斯长驱南下。如果土耳其默许，一支由十个师组成的军队（其中一半是装甲师和摩托师）便会跨过安纳托利亚进入叙利亚和伊拉克。如果土耳其反对，那么敌军可能需要双倍兵力，这样一来，这一计划可能要耽误到 1942 年。非洲的德意军队仅居第三位。他们在 1941 年夏秋两季的任务，除了攻陷托布鲁克，只需要进行防御。到冬季时，他们损失的兵员和装备都已得到补充，然后，他们对波斯和伊拉克进行大规模攻击，分散我们的注意力和兵力，接着，利比亚的轴心国军队便会向开罗挺进。

德国最高司令部从不赞成在非洲冒险。德国派部队前往非洲只是为了阻止意大利的溃败。即使这一目标达成，且我们被击退时，这也未能改变德国的初衷。德国向来不赞同穿过地中海，马耳他地区上有飞机、下有潜艇，危险重重。与英国支援北非相比，轴心国对北非的支援难度更大，因此北非一直都是次要战场。德国不是十分喜欢与意大利的海陆空军合作，他们对隆美尔军队的补给也是不情不愿。如果敌军愿意，他们本可以运送一支军队来动摇英国的地位，为此付出的代价也在他们的可接受范围内。不久便可以知晓，为何马耳他岛（德国最大的障碍）从未遭到袭击。毫无疑问，德军在克里特岛损失惨重是一大原因。

*     *     *

1941 年 8 月初，德国陆军部向指挥西部、北部和南部集团军群的将军发送了一封信件，信件概述了他们打败苏联后将要攻击的目标：

> 1. 为了拿下托布鲁克，我们必须加强北非的兵力。为了保障必要的运输，德国空军应该恢复对马耳他岛的袭击。
> 假如天气条件允许，运输服务也如期展开，那么攻占托布鲁克的计划将在 9 月中旬开启。
> 2. "费利克斯"计划（即在西班牙积极参与下共同占领直布罗陀海峡计划）必须在 1941 年实施。
> 3. 假如东边战事结束且土耳其站在我们这边，那么我们便可考虑在为期至少八十五天的准备后对埃及方向的叙利亚和巴勒斯坦展开进攻。

因此，秋季和冬季是我们的绝佳时机。德国空军已经从西西里岛撤离。为了应付意大利舰队，苏联耗尽了燃料。8 月，隆美尔消耗了百分之三十三的供给和支援。10 月，这一数字上升到百分之六十三。意大利被迫另辟一条空中补给路线。9 月底，墨索里尼决定每月空运一万五千人增援的黎波里，但到 10 月底，只有九千人抵达。同时，通往的黎波里的海上运输也几乎停滞，只有一小部分运输船只冲破了我们的封锁线抵达班加西。10 月份的损失最终迫使德国最高司令部向意大利海军运送油料。他们还采取了更重要的一步。邓尼茨海军上将勉强同意从大西洋战役中撤出二十五艘潜艇前往地中海。这是一次真正的行动，行动的结果不久就会见分晓。

在此期间，我们以马耳他岛为根据地进行的指挥至关重要。海军部根据我的指示建立起了"K"舰队，这支舰队战果颇丰。11 月 8 日晚，根据空军部的指示，"K"舰队袭击了意大利运输船队，这是自恢复航行以来第一次袭击意大利运输队，该运输队包括十艘商船、四艘护航驱逐舰以及前来支援的巡洋舰。所有商船顷刻间被一举歼灭，其中一艘驱逐舰被击沉，另一艘被我们的巡洋舰击伤。意大利的巡洋舰并未参与战斗。我将这个好消息告诉了罗斯福总统。

前海军人员致罗斯福总统：

前往班加西的轴心国船队在意大利和希腊间被歼灭，此事意义重大，也产生了深刻影响。值得一提的是，那两艘意大利重型巡洋舰不敢对抗我们装有六英寸口径火炮的轻巡洋舰，他们的六艘（实际是四艘）驱逐舰也不敢直面我们的两艘军舰。

我越来越看好莫斯科前线。

1941 年 11 月 9 日

德国的运输船队再次被迫停航，隆美尔有充分的理由向德国最高司令部诉苦。

隆美尔将军致德国最高司令部：

向北非运送部队和供给的速度越来越慢了。意大利曾承诺提供六万吨物资，但直到 1941 年 10 月底，只有八千零九十三吨供给运到班加西。而且，在原定用于投入托布鲁克战役的军队中，有三分之一的炮兵部队及运输部队无法在 11 月 20 日前从欧洲抵达北非。再者，那二十门在突尼斯向法国买来的十五点五厘米口径的大炮还不确定何时能够到达……为了展开 11 月的进攻，我们请求增援了三个意大利师，但如今只有一个师可供使用，而且这个师的战斗力不足。

1941 年 11 月 9 日

*     *     *

但是，此时我们的好运已经用尽。德军派出了潜艇。11 月 12 日，在运送多架飞机飞往马耳他岛之后，"皇家方舟"号航空母舰在返回直布罗陀的途中被德国潜艇的鱼雷击中。我们虽奋力反抗，但还是没能力挽狂澜，这个战功赫赫的"老功臣"在距离直布罗陀只有二十五英里的地方沉没。而这只是英国舰队在地中海噩梦的开始，我们也开始发现此前从未察觉的弱点。然而，现在我们拖延已久的攻势已准备就绪，我们现在必须把注意力转向西部沙漠。

11 月 15 日，我把国王的训示电达奥金莱克将军，以备他在适当的"条件、时机和情况"下使用。

首相致奥金莱克将军：

我奉国王之命向西部沙漠所有的陆军和皇家空军的官兵以及地中海舰队表达国王陛下的信心，你们必将出色完成此次关键战役。大不列颠和大英帝国的军队将会第一次以精良的装备面对德国人。此次战役将会影响整个战争。现在是时候为最终胜利、为家园故土、为自由之翼而猛烈出击了。此役将被写入史册，与布莱宁战役和滑铁卢战役比肩。如今各国都把目光投向你们。我们的心与你们同在。愿上帝眷顾正义之人。

1941 年 11 月 15 日

第五章

# FIVE

## "十字军战士"行动

敌人的军队和计划——第八集团军的进攻——第十三军突破前线
——隆美尔的大胆袭击——奥金莱克飞往沙漠司令部——维希危机
——海军对敌运输队的袭击——新西兰师向西迪雷泽格挺进——隆美
尔退却——托布鲁克解围——海军灾难——英国东地中海舰队真正消
失——希特勒从苏联调回空军前往西西里岛

现代战役近乎没有戏剧性，因为现代战役战场辽阔、决策时间长，
而历史上著名的战役都是在小范围内以短短几小时决定生死。沙漠之
战中装备精良、移动迅速的装甲部队和摩托化部队，恰好把今昔的这
种对比以极端的形式表现出来。

坦克取代了昔日的骑兵，拥有巨大而深远的威力，而且它们的运
作在很多方面与海战相似，只不过把大海改成了沙海。装甲部队的战
斗能力（正如巡洋舰中队的战斗能力）才是军队的决胜要素，而非遇
敌的位置或是敌人活动的范围。坦克师或坦克旅及更小的编队可以在
任何方向快速形成战线，因此它们被侧翼包围、被后方袭击或是被中
路切断的危险变小。他们任何时刻都需要依赖燃料和弹药，而燃料和
弹药的供给对于装甲部队来说十分复杂，不像自给的船只和舰队那样
方便。因此，战术的指导原则需应时而变，每一次交战都带来新的经
验和教训。

绝对不能低估这场沙漠战役需要耗费的巨大努力。虽然每支军队
只有九万到十万部队投入战斗，但却需要两到三倍的人力和物力来维
持军队的战斗力。西迪雷泽格战役标志着奥金莱克将军开始展开进攻。
从整体上看，这场激烈的战役体现了诸多战争的特点。双方总司令亲

自指挥，所下的赌注也很高，这些都跟古代战争极为相似。

\* \* \*

奥金莱克的首要任务是重新夺回昔兰尼加，并同时摧毁敌人的装甲部队；如果一切进展顺利，他还要拿下的黎波里塔尼亚。为了实现这些目标，即将指挥新命名为第八集团军①的坎宁安司令还接管了第十三和第三十军，连同托布鲁克守军一起，一共组成了六个师和三个后备旅。英国坦克的总数为七百二十四辆，包括三百六十七辆巡逻坦克以及另外两百辆后备坦克。皇家空军将提前一个月加强行动，扰乱敌人的交通线并为战役获得制空权。在科宁厄姆指挥下，西部沙漠空军囊括了十六个飞行中队、十二个中型轰炸机中队、五个重型轰炸机中队以及三个陆军航空中队。在一千三百一十一架现代作战飞机中，有一千零七十二架可用于作战，另外还可以从马耳他出动十个中队。

隆美尔战线后方的七十英里处驻扎着托布鲁克守军，其中包括五个旅和一个装甲旅。托布鲁克这个要塞是隆美尔的心头大患，由于它具有战略威胁，一直阻挡着敌军挺进埃及。夺取托布鲁克是德国最高司令部的预定目标，且自 11 月 23 日开始，敌军准备全力进攻托布鲁克。隆美尔的军队由强大的非洲军团组成，主要包括第十五、第二十一德国装甲师、第九十轻装师以及七个意大利师（其中一个是装甲师）。敌军坦克数预计为三百八十八辆，但是，按照我们现在从敌军记

---

① 第八集团军的编制如下：
　第十三军（戈德温—奥斯汀）
　第七装甲师（第七装甲旅，第四英印师第二十二装甲旅）
　新西兰师
　第四装甲旅
　第一陆军坦克旅
　第一南非师（两个旅）
　第三十军（诺里）
　第二十二警卫旅

录得知，实际数量为五百五十八辆。在中型和重型坦克中，有三分之二是德国坦克，这些坦克所使用的炮弹比我军坦克的两磅炮弹更重。而且，敌军的反坦克武器更加优越。轴心国空军由一百九十架德国飞机（其中一百二十架可用）和三百架意大利飞机（其中两百架可用）组成。

＊　　　＊　　　＊

　　第八集团军连同它的两个军在坎宁安将军的指挥下将进抵托布鲁克，并向西和向北推进，而托布鲁克的守军同时向他们发起猛烈的突围。为此，第十三军将进攻并占领从哈尔法亚到西迪俄马的敌军防线，同时还将对其进行包抄和包围，这样就可以把驻守在这些防御工事的军队切断，然后向托布鲁克推进。与此同时，几乎包括我们全部装甲部队的第三十军则对沙漠侧翼进行扫荡，寻找并抗击隆美尔的大部分装甲部队，至少要拖住他们从而让第十三军得到掩护。

＊　　　＊　　　＊

　　尽管敌军做了大量准备，我们还是成功突袭。轴心国军队正在为11月23日进攻托布鲁克占据新据点。进攻真正开始时，隆美尔本人实际上在罗马。为了在关键时刻直击敌人的心脏和中枢神经，在莱科克上校的指挥下，五十名苏格兰突击队员被潜艇秘密运送到距离敌军阵线后方两百英里的海岸上。在波涛汹涌的海上登陆的三十人被分为两组，一组去切断敌人的电话线和电报线，另一组在凯斯中校（凯斯海军上将的儿子）的指挥下袭击隆美尔总部。17日午夜，德军一间营房被摧毁，许多德国士兵遭到枪杀。然而，在漆黑的房间里混战时，凯斯不幸遇难。事后，他被授予维多利亚十字勋章。

* * *

11 月 8 日早间，第八集团军在大雨滂沱中向前挺进。根据计划，第十三军绕道敌人据点抵达边界，同时，第三十军从南面向西迪雷泽格推进，他们起初未遭反抗。这个山脊足有一百英尺高，其北面堪称悬崖峭壁，俯临卡普措小道——隆美尔自西向东的交通主干线。附近还有一个空旷的机场。南面无奇特地形，视野极好，能够纵观整个起伏不平的沙漠。双方都认为这是整个战场的最关键之地，是解救托布鲁克的关键一步。

前三天一切顺利。19 日，德国装甲部队的主要兵力从其驻扎的海岸地区向南移动，次日在西迪俄马以西五十英里处与我们的第四和第二十二装甲旅相遇。英国第七装甲师在搜寻敌人的过程中被大大分散。该师的一个旅（第七旅）和其支援部队占领了西迪雷泽格，但这几支部队和其他部队却接连遭到了敌军非洲军团的袭击，敌军的兵力一向比较集中。21 日和 22 日整整两天，机场及机场附近发生了激战。敌我双方几乎所有装甲部队都投入到了这场战斗，在枪林弹雨中鏖战。敌军坦克装备精良、投入兵力多，因此占据了上风。尽管我们有旅长乔克·坎贝尔的英明领导，但德军还是占据了优势，我们损失的坦克比德国多。22 日晚，敌军再次夺回西迪雷泽格。第三十军的指挥官诺里将军失去了近三分之二的装甲部队，于是他下令全面撤退二十英里，以便在阿布德小道以北重整军队。这是一次重大挫折。

* * *

19 日晚，奥金莱克致电给我："现在可以肯定，这次袭击似乎确实出乎敌人的意料，他们对我们的迫近和攻击力量毫不知情。有消息称（虽然有待考证），敌人正准备从拜尔迪耶—塞卢姆地区撤退。不过，只有等我们的装甲部队今日抵达该地区，我们才能够预测战况。

我自己对这一局势感到满意……"特德也报告称:"现阶段,空中战役还算令人满意。17、18日突如其来的暴风雨打乱了我们摧毁德军战斗机的计划,但也阻止了敌军在头两日的空中行动。昨日,我方又击落了十四架'容克87'式轰炸机。夜间,敌军共出动五十六架重型轰炸机。马耳他包括班加西也在其攻击范围之内。数十吨弹药曾被空运到第四装甲旅。"

\*      \*      \*

同时,11月21日,敌人的装甲师开始投入战斗,于是坎宁安将军命令第十三军前进。第四英印师已经绕道抵达西迪俄马周围。在弗赖伯格将军的指挥下,位于左翼的新西兰师向北移动,抵达拜尔迪耶的郊区,切断了所有边境驻军的交通线。他们占领了非洲军团司令部,并于23日重新夺回了西迪雷泽格(就在不久前他们的兄弟军团第七装甲师刚刚被驱逐出该区域)。11月24日,弗赖伯格将军把大部分新西兰军集中在机场以东五百英里处。因此,我们的装甲部队从西迪雷泽格被击退后开始重新整编。托布鲁克守军开始主动出击,全力抗击德国步兵,但还是没能突出重围。新西兰师在取得胜利之后抵达了西迪雷泽格城下。敌人边界驻军被我们切断,但他们的装甲部队战胜了第三十军,现驻扎在比尔古比以北。双方多次互相猛攻,两败俱伤,战役胜负未定。

\*      \*      \*

关于此次战役的最好描述,莫过于奥金莱克将军的最后一次急件,该信件于1948年发表在公报上。

由于德国装甲师此时已经决心应战,且据报道他们损失了大量坦克,所以坎宁安将军便发出信号,下令托布鲁克守

军开始出击，并令第十三军也开始发动进攻。然而，11月21日，困难就来了。正如所料，敌人立刻对西迪雷泽格的威胁做出反击，他们的装甲师顺利躲开了我军的第四和第二十二装甲旅。此时，敌人集结所有的装甲部队把我们从这个重要地区驱逐出去，并且极力阻止我们救援支援部队和第七装甲旅，这两支军队因此而孤立无援了。虽然这两支军队事先并无展开持久防御的计划，但他们却在没有援助的情况下抵御了整整一天，这是一个巨大的功绩。我们原本期望第五南非步兵旅能在敌人攻击之前抵达战场，但他们却没能实现这一目标，部分原因是因为阿里埃特装甲师的抵抗，部分原因是他们在携带大量车辆出征方面缺乏经验。

翌日，我们集中所有三个装甲旅来保卫该地。虽然我军作战勇猛，但我们的坦克和反坦克装备与德国装备相差甚远，无法战胜敌人。11月22日晚，第三十军损失了三分之二的坦克，不得不撤退，给托布鲁克守军留下了一大片防守阵地。

敌军以惊人的方式取得了最终的胜利。在一次夜袭中，敌军突袭并完全击溃了第四装甲旅，该旅的一百辆坦克代表了我军三分之二的剩余装甲兵力。23日，敌人几乎消灭了第五南非步兵旅，这是诺里将军指挥的仅有的两个旅之一（无法运送支援部队），但在24日，诺里将军用其装甲师对敌人边界作了有力回击。在此，我们可以清楚地发现，最初的报告严重夸大了敌军的坦克损失，敌军拥有至少跟我们相同的坦克数量，且坦克更加精良，并且他们能够从自己的战场上恢复更大的力量。

敌我之间的装甲力量对比突然如此悬殊，让局势变得极其危急……

*   *   *

　　这时发生了戏剧性的一幕，不禁让人联想到美国内战时，杰布·斯图尔特于1862年在约克敦半岛上骑马绕过麦克莱伦一事。不过，这次事件的主角是一支装甲部队，如果这支装甲部队毁灭，那么剩余的轴心国军队也必将灭亡。隆美尔决心先发制人，让装甲军向东部边界挺进，希望借此制造混乱，从而让我们的军队不战而退。他可能以为自己还能获得好运，像先前6月15日的那场沙漠战役那样，派遣装甲部队进击，致使麦塞维将军在关键时刻撤退。这次，他离成功又有多近？详见下文。

　　隆美尔集结了非洲军团的主力，让他们沿着阿布德公路或小道前往比尔设斐森，沿途差点发现了我们的第三十军以及两大供给站。若没有了这些兵力和供给，我们将无法继续战斗。到达边界后，他把军队分为几个纵队，一些纵队北上和南下，另一些纵队进入埃及境内二十英里。隆美尔在我军后方大肆破坏，并俘虏了许多人。然而，他的纵队对第四英印师并未造成重大影响，相反，他们却遭到了我们分遣队（该分遣队从第七装甲旅、支援部队以及警卫旅中抽出匆忙整编）的追击。更重要的是，此时我们的空军已经在作战区域上空取得了绝对制空权，一直在沿路袭扰敌军。隆美尔的纵队现在没有空军掩护，遭受重击，尝到了我军在德军取得制空权时的痛苦。26日，敌人所有的装甲师都向北转移，在拜尔迪耶及其附近暂避。次日，他们接到紧急命令，仓皇向西而行，回到西迪雷泽格。隆美尔的大胆举措以失败告终，但是，正如我们所见，只有一个人才能制止他——即敌军的总司令。

*   *   *

　　这里不妨引用一些奥金莱克和特德在这一时期发给我的电文，颇有意思。21 日，奥金莱克发来好消息："幸运的是，我们已堵住洞口，猎犬也在全力追逐。"当日晚些时候，他再次致电："11 月 18 日，第二十二装甲旅和敌军的装甲部队在比尔古比交战，战斗比先前的报告更加激烈，我们最终失去了约四十辆巡逻坦克，其中一些坦克得以修复，而敌军预计损失了五十五辆坦克。西迪雷泽格正由第七装甲师的支援部队和第五南非步兵旅据守。托布鲁克守军今晨成功突围……现在很难准确估计敌军的坦克损失，因为战争局势变化速度太快……至今为止，战斗的一大突出特点是，我方完全控制了空中，并且陆军与海军配合得天衣无缝。"22 日，他总结了自己的汇报："我们的短期目标，即摧毁德国装甲军，有望实现。"随后写道，"将士们战斗勇猛、精神可嘉。我认为，坎宁安一直以高超的技能和过人的胆识在指挥这场极端复杂的战役……我认为，战争的走向很大程度上取决于德国第十五装甲师是否拥有充足的坦克在战役最后四天援助第二十一装甲师，抑或是这个师是否仍旧完好无损。我希望是前者，但现在还无法确定。"23 日的消息似乎不大乐观："战役似乎达到了高潮。无论如何，德国的坦克还是在比尔古比以北成功突围。昨日我军在西迪雷泽格受到东西两面夹击，据说敌军出动了一百辆坦克……"

这些只言片语展现了最高统帅部不断变化的心境。当日，这几段文字只是一小部分而已。

我军遭受了重创，隆美尔的突袭在战场后方造成了一片混乱，致使坎宁安将军对总司令称，如果我们继续进攻，我们的坦克便会被全部歼灭，这样就会危及埃及的安全。这将意味着我们要承认战败，整个作战计划失败。值此关键时刻，奥金莱克将军上阵亲自指挥。他应坎宁安的要求，跟特德空军中将于 11 月 23 日一同飞往沙漠指挥中心。他全然知晓其中的危险，但仍旧要求坎宁安将军"火力全开进攻敌军"。这样，奥金莱克仅凭一人之力就挽救了这场战役，同时也彰显了他作为一名司令官的卓越指挥才能。

24 日，他从前方司令部发来电文：

奥金莱克致首相：

　　一抵达指挥中心，我就发现坎宁安正为可用坦克不足苦恼不已。显然，连续五日不间断的战斗使得我们的装甲师已内部紊乱，机器也出现故障，损失惨重。这的确是一大原因，但现在都没有关系了……昨日夜袭，敌人使用了意大利坦克，我据此推断敌军的坦克也处于短缺状态。我确信，敌军现在也快弹尽粮绝了，所以我们必须趁机大力进攻。我们可能暂时没有后备坦克，但只要我们剿灭了敌人的所有坦克，这又有何妨呢？敌人已经放弃西迪俄马和塞卢姆，且我们抓获了三千俘虏（包括一千名德国人），这一事实非常重要。我已经命令坎宁安将军竭尽全力去进攻，重新夺回西迪雷泽格，并且跟托布鲁克守军携手合作，托布鲁克守军将从正面进攻敌军。将士们人心振奋，带有步兵坦克的新西兰师也集结在西迪雷泽格前方。

1941 年 11 月 24 日

我立刻作出答复：

首相致奥金莱克将军：

　　1. 24 日的电函已收悉。我由衷赞同您的观点和目标，且英王陛下政府希望能够分担您的作战重担，无论结果如何，都支持您作战到底。我们现在只能孤注一掷了，但我确信您的能力，您定能取得胜利。

　　2. 您一定已经收到有关第一装甲师今日登陆苏伊士的消息。如有需要，请随意使用这支部队，不要有后顾之忧。我们要让所有部队紧紧钳住敌人，让敌人窒息而死。

　　3. 您大无畏的精神和毅力让我感动。我要向掌握制空权的特德和皇家空军表示赞扬。

1941 年 11 月 25 日

\* \* \*

25日，奥金莱克将军回到开罗后向我发来电文："我决定让我的副参谋长里奇将军暂时取代坎宁安将军。这并不是出于对当下局势的担心，而是我认为，坎宁安将军（一直都令人敬佩）的战略思想开始偏向保守防御，主要是因为考虑到我们的坦克损失巨大。但在做此重大决定之前，我深思熟虑了很久，并于今天下午咨询了国务大臣。我确信，我的这一决定是正确的，虽然我知道当下这一行动让人不愉快。我会尽量降低此事的影响。"

在给坎宁安将军的公函中，奥金莱克写道："我已确定……您现在只考虑防御而不考虑进攻。我一直下令让您主动进攻，但您都没有贯彻实行，我对此深感失望。"

国务大臣奥利弗·利特尔顿同意并强烈支持这位总司令的决定。我立即向他发去电文：

首相致国务大臣：

奥金莱克将军对所有司令享有最高权力，他在战时的所有决定都得到我们的认可。您的行动和态度值得肯定。请（将此）传达给奥金莱克将军。

1941年11月25日

这件事对于这位英勇的军官来说有些残忍，我只能把这件事留待他的哥哥海军总司令和奥金莱克将军（同时是他们俩的好朋友）去定夺。我对奥金莱克将军不受私人顾虑和诱惑（推迟战争）的精神感到由衷的敬佩。

＊　　＊　　＊

战役进行到此时，我必须记录一些别的相关事宜。11 月 20 日，我们的战况还较为乐观，我向总统发去一份文件，促请他在这关键时刻竭力保持维希的稳定。

前海军人员致罗斯福总统：

1. 我们在利比亚的军队部署和策略相当成功。敌人遭到我方的突袭，他们现在才意识到我们的行动规模之巨大。今日敌我装甲部队可能展开战斗。我们已经发出指令，要求不惜一切代价将战争推向决胜点，这并不是没有机会。

2. 我们准备从东部和英国两个方面来影响北非事务，如果在这个关键时刻，魏刚被某个亲德军官所替换，那将会十分糟糕。我希望您能竭力劝说维希政府保留魏刚的指挥权。如果实在不行，那么可以找一些已经退休的友好人士来接任这一职位，如乔治将军。自法国崩溃以来，我还未见过乔治将军，但我有理由相信，他是可靠之人，我非常了解他。总统先生，无论如何，如果我们在利比亚取得胜利，突尼斯和法属北非将会对我们敞开大门，所以我们必须努力取得胜利。另一方面，我担心希特勒看到的黎波里受到威胁便转而攻占比塞大。对于维希法国来说，错过今朝，便时不再来，这也是他们最后赎罪的机会。

1941 年 11 月 20 日

＊　　＊　　＊

此时，切断隆美尔的燃料供给同样重要。因此，我给奥金莱克将军和海军总司令发去电报，敦促他们必须打击敌人的交通通道。

首相致奥金莱克将军：

看到宝贵的燃料被运往班加西，敌人空军集中于伯宁那，我们即使要花上三四天的时间，似乎都应该冒险去阻挠敌军的运输。敌人显然会畏惧这一行动。采取行动的最佳时机就是当敌人深陷战役泥潭之时。一旦从战区成功撤退的敌人前来增援，我们的胜算便会所剩无几。无论是在班加西还是在阿盖拉以西，我们现在都有很多机会，然而，如果主战场战役结束，那么一切就会变得复杂。我相信您定会考虑此事。请回忆一下，在法国崩溃时，他们凭借钻营取巧攫取了多少利益？"绿洲"部队现在有何任务？

1941 年 11 月 23 日

首相致地中海舰队总司令坎宁安：

我命令第一海务大臣发送无线电报告知您，拦截装运援兵、物资、燃料等前往班加西的供给船只十分重要。根据我们的情报，一大批船只正驶往该地或正在启航。敌人曾提出出动空军保护的要求，但该要求暂时无法满足，因为敌军的飞机正在非洲战场作战。现将所有消息再次告诉您。如能听到海军部向我报告您的行动计划，我将十分高兴。拦截这些船只不仅能够助战争一臂之力，还能够拯救数千条性命。

1941 年 11 月 23 日

这位海军上将即刻亲自给我回复：

已收悉您于 23 日的电文。我自然非常了解班加西物资运送路线的重要性，为了应付此事，我们已经做好了部署，相信此刻第一海务大臣应该已经向您汇报了。我们的第一步就是阻拦敌人的运输船队，主要是从地中海两端夹击，这已经取得很大的成功。既然运输船队又恢复了航运，那么它们将

遭到海面舰船、飞机和潜艇的袭击。不幸的是，您所提到的德国空军已全力投入陆上战役一事并未得到证实，敌人正密切关注我们的行动。相反，我们的侦察机力量较为薄弱，这给我们轻型舰队的工作带来了一定危险。如果要利用轻型舰队的快速优势，只能在没有敌方支援的情况下行动。

坎宁安已竭尽全力，不过，我方最有力的一击来自马耳他地区。24 日晚，"K"舰队的巡洋舰和驱逐舰在海上前进时，截获了两批敌军翘首以盼的油料。于是我向奥金莱克发去这一好消息：

首相致奥金莱克将军：
　　昨夜，我们从马耳他派出"曙光"号和"佩内洛普"号，它们不负众望地击沉了"普罗西达"号和"马里乍"号这两艘运油船。坎宁安上将正在追逐其他敌舰。
　　　　　　　　　　　　　　　　　1941 年 11 月 25 日

\* 　　\* 　　\*

隆美尔指挥非洲军团从英国第八集团军的交通线和后方通过，这一大胆的行动付出了高昂的代价。此时，弗赖伯格和他的新西兰军在第一陆军坦克旅的掩护下正逼近西迪雷泽格。经过了两天的激战，新西兰军重新夺回了西迪雷泽格。与此同时，托布鲁克的守军突围成功，夺取了艾德杜达。26 日晚，托布鲁克守军和救援部队取得了联系，新西兰师的几个团和第十三军的部队进入了被围困的托布鲁克。这一局势让隆美尔不得不立即从拜尔迪耶返回。他奋力打通到西迪雷泽格的道路，率领重组后的第七装甲师、召集了一百二十多辆坦克从侧翼进攻，重新夺回了西迪雷泽格。第六新西兰旅被击退，损失惨重。除了两个营与托布鲁克守军会合，第六和第四旅向东南方向撤退，直至退到边界线。在这里，这支英勇的部队在损失了三百多人后又重新进行了整编。托布鲁克的守军再次孤军奋战,凭着坚毅的决心坚守既得阵地。

里奇将军此时重组了军队,把托布鲁克守军置于第十三军管辖之下,并把新西兰师转入后备部队。阿德姆位于西迪雷泽格以西十五英里的山谷中,地处敌军东西方向的交通要道之上,如今成了攻击目标。我们投入了两个军的力量,第十三军从艾德杜达进发,第三十军从南部进发。就在我们着手准备这些计划时,隆美尔做了最后一次袭击以营救边防守军,不过以失败告终。于是轴心国军队开始向加柴拉防线实行大撤退。

\* \* \*

我们的电报频繁往来。26 日,奥金莱克说:"今日新消息不多,但都是好消息。今天早晨,新西兰军队已经能够看见托布鲁克守军了。我刚刚听说,新西兰军重新夺回了西迪雷泽格。双方仍在进行激烈的战斗。敌军的装甲部队和摩托化部队在拜尔迪耶、比尔设斐森和哈尔法亚之间转来转去,但都无果。现在可以肯定的是,装甲部队和摩托化部队的突袭只是想转移我们的注意力。显然,敌人没能得逞。"

关于更替坎宁安将军一事,他做了补充:"我十分感谢您的支持。我无法表达这件事对我们意味着什么,而且此事对于装甲师的影响也无法衡量。隆美尔不会就此罢休,但我们已经掌握了主动权,我认为有把握能守住阵地。"

首相致奥金莱克将军:

您无疑正在考虑将后备军调往战区。我深知这需要交通运输的协调,也明白在短短数月内转移部队十分不易却十分重要。然而,您能否让我知晓您有哪些后备军?如果您还需要一个师,抑或是两三个旅,您将从哪里调集?我认为,如有必要,您可以从巴格达第五十师中调走一个旅。

请让我知晓您手中的兵力及您的想法。

1941 年 11 月 26 日

奥金莱克将军回复道，由于在沙漠给养困难，因此，与增加新的军队相比，如何用新兵取代疲惫部队更成问题，不过他当然愿意有更多的军队开往前方以壮声势。他正在把第五十师中的一个步兵旅纳入总部的后备军，但他认为暂时还不需要召回另外两个旅（这两个旅正前往伊拉克）。

虽然我完全赞同最高司令部所做的决定，但我认为，奥金莱克将军把任务委托经验不足的其他军官，而未亲自指挥，这未免是一件憾事。

首相致奥金莱克将军：

帝国总参谋长和我都认为，您曾挽救过战役，那么这次是否应亲临指挥，直接结束战争呢？您亲临战场将会使将士们士气大振。不过，这取决于您。

1941 年 11 月 27 日

他如是回复道：

我也曾深思熟虑，要不要亲自接替坎宁安的位置，指挥第八集团军。我深知此战役的重要性，但我最终还是认为，我留在司令部更为有用，因为我可以纵观全局、权衡轻重……当然，我会前往（里奇处）视察。

我和帝国总参谋长都未信服，但我们也未强迫他接受。

奥金莱克在 30 日的电文结尾处说道：我们的支援纵队已于 29 日早晨抵达托布鲁克。第十三军司令（戈得温·奥斯汀将军）给您的生日贺词是："到托布鲁克的走廊已肃清，十分安全。托布鲁克跟我一样都得到了解放。"

12月1日，奥金莱克亲自前往前方司令部，并在里奇将军处待了十天。虽然他未能亲临指挥，但他密切监督下属。但在我看来，这对双方来说都不是最佳安排。不过，此时第八集团军已占优势，于是12月10日，这位总司令告知我：敌人显然正向西全面撤退。阿德姆已被拿下，南非和印度部队与来自托布鲁克的英国部队在此会师。因此，我认为，现在可以宣布托布鲁克已经解围。我们正与皇家空军全面合作追击敌人。

\* \* \*

我们现在从德国的记录中得知，敌军在"十字军战士"战役中的损失（包括在拜尔迪耶、塞卢姆和哈尔法亚被切断交通而最终沦为俘虏的守军）总共为三万三千人，其中一万三千名为德国人、两万名为意大利人，外加三百辆坦克。大不列颠和大英帝国军队在同时期（11月8日至次年1月中旬）的损失为：两千九百零八名官兵阵亡，七千三百三十九人受伤，七千四百五十七人失踪，共计一万七千七百零四人，外加两百七十八辆坦克。其中百分之九十的损失发生在开战第一个月。

\* \* \*

直至此时，我们才能对沙漠战事稍稍放松，确实值得欢欣庆祝。德国的相关记录显示，此时的罗马军界已蒙上了一层阴影。

北非的德国军队目前需要更多支援，补充大量损失，并提供一流的支援部队。目前海上局势不容乐观，我们只能利用飞机穿越地中海进行运输。

1941年12月2日

12 月 4 日再次说道：

> 领袖称解放比塞大港是克服交通困难的唯一办法。占领马耳他是不可能的。首领认为，如果不能通过突尼斯进行补给，就不可能长期坚守利比亚。轴心国在地中海和北非的局势现已十分危急，因为我们的供给线未能及时打通。进攻苏联的计划严重打乱了我们之前的决策。

海军一直是沙漠战争的关键因素。通过摧毁敌军的供给计划和大力支援我方第八集团军，皇家海军和皇家空军曾将隆美尔的军队逼到崩溃的边缘。但是这时，就在这个紧要关头，我们地中海东部的海军因不堪连续重击而崩溃。

\*　　\*　　\*

德国潜艇在地中海区域的威力甚大。"皇家方舟"号已经消失。两周之后，"巴勒姆"号被三枚鱼雷击中，瞬间倾覆，损失五百人以上。灾难不止于此。12 月 18 日晚，一艘意大利潜艇靠近亚历山大港，并放出三枚"人控鱼雷"，每枚鱼雷由两人操纵。敌军乘开闸放船之时潜入港内，安放好定时炸弹，炸弹于 19 日清晨在"伊丽莎白女王"号和"英勇"号下面爆炸。两艘船都遭受重创，数月内不能使用。因此，我们的东方战舰在短短数周之内被摧毁殆尽，这还没有包括另一战场上损失的"威尔士亲王"号和"反击"号。我们一度隐瞒了战舰的损失。不久在秘密会议时，我对下院说："几周之内，我们失去了七艘重要船只，即三分之一以上的战列舰和战列巡洋舰。"

而且，"K"舰队也遭受打击。就在亚历山大港灾难发生当天，马耳他收到消息，敌军一支重要的运输队驶向的黎波里。三艘巡洋舰"海王星"号、"曙光"号和"佩内洛普"号以及四艘驱逐舰同时出击追捕。在靠近的黎波里时，我们的船只驶入一片新雷区。"海王星"

号遭到重击，另两艘巡洋舰也受到不同程度的损坏，但最终还是成功驶离雷区。不久，驱逐舰"坎大哈"号进入雷区营救"海王星"号的船员，但"坎大哈"号也撞到一枚水雷，自身难保。飘荡在雷区的"海王星"号又撞到两枚水雷，最终沉没。七百名船员中只有一人幸存，他在木筏上漂流四天后被俘，木筏上的舰长奥康纳和其他十三名船员漂流四日死亡。"坎大哈"号在水面上漂荡许久，最终漂出雷区。次日晚，"美洲虎"号驱逐舰找到它并营救出大部分船员。

德国参谋部对此次事件的评论颇有指导意义。"'海王星'号沉没对于控制的黎波里塔尼亚来说十分重要。如果没有这一事件，英国舰队可能已经歼灭了意大利运输船队。值此生死存亡之际，损失这些资源无疑会带来严重后果。"

"K"舰队就这样全军覆没了。"加拉提亚"号巡洋舰也被一艘德国潜艇击沉。英国东地中海舰队中仅剩下几艘驱逐舰和维安上将的三艘巡洋舰。

11月底以前，我们海陆空三军联合控制了地中海。此时，我们海军遭受了重大损失。希特勒也是这时（12月5日）才意识到隆美尔战况岌岌可危，于是命令立即从苏联调集一支空军部队前往西西里岛和北非。在凯塞林将军指挥下，敌军对马耳他岛发动了一次新的空袭，袭击达到了一个高峰，致使马耳他动弹不得。年底，德国空军掌握了通往的黎波里海路上的制空权，因而隆美尔的军队在遭受重创后得以休整。海陆空联合作战鲜有如过去几个月那般出色。

但在风云变幻之下，一切都黯然失色。

第六章

# SIX

日 本

适应时势的智慧——旧日本的隐匿——日本陆军的森严等级——1939 年德苏签订互不侵犯条约——三国协定——事态发酵——英美经济制裁的影响——英国日益焦虑——独自对抗日本的危险——近卫公爵辞职——东条掌权——临时协定和"十点建议"——英国情报的局限——克拉地峡的威胁——"上帝把他们送到我们手心来了"

历史悠久的日本将做出最为严重的一次冒险。1592 年，丰臣秀吉决意与大明王朝决一死战，并利用海上力量进攻朝鲜，除此之外，日本还未采取过像如今这般关乎生死存亡的行动。几个世纪以来，根深蒂固的传统习俗时刻引导着这群可畏的远东岛民。勇猛、自律、民族精神，这些特性使得这个严酷而又强硬的民族得以延续下去。欧洲在公元 1300 年从马可·波罗口中得知这个民族的存在。佛教是日本的主要宗教之一。后来，基督教传教士进入日本传教，却惨遭扼杀灭绝，这一事件在欧洲鲜为人知。日本对基督教人群的屠杀惨绝人寰，超过二十五万人被杀害，历时二十四年，最终止于 1638 年。此事之后，日本开始与世隔绝，直到 19 世纪，它再次打开大门走向世界，却带来了严峻的灾难。日本曾经历过一段完全隔绝的时期，艺术、文化和信仰组成了严谨的社会结构，而科学、机械和西方哲学对他们来说并不存在。

但是，蒸汽机改变了世界格局。大约一百年前，外来船只漂洋过海，用武器和新思想敲开了日本——这个封建之国的大门。1853 年，不速之客佩里海军准将率领美国舰队来到日本，自此之后的一段时间里，英国或美国都能够通过炮舰把英美政府的意志强加于日本，左右日本的对外政策。跟随船只一起来到日本的还有白人的那套"奇技淫巧",白人准备将自己的这套把戏授予或出售给日本人。日本还停留在13世纪未开化的文明里,却要面对19世纪的繁荣经济和精良军备。

*　　*　　*

　　山姆大叔①和大不列颠尼亚②是新日本的教父教母。在不到两代人的时间里,日本——这个历史悠久却毫无背景的国家实现了跨越式的发展,从武士的双手剑到铁甲舰、来福线大炮、鱼雷和马克沁式机关枪;工业也发生了类似的变革。在英国和美国引导下,日本从中世纪十分迅猛地过渡到现代。日本超越、碾压了中国封建王朝。1905年,日本不但在海上战胜沙皇俄国,还运输精兵强将前往大清王朝进行大陆作战,在满洲势如破竹,这一情形让世人惊愕。现在,日本已经跻身世界强国之列。日本人自己也惊讶于如今受到的恭敬待遇。"吾以古之艺术品赠汝,汝笑吾、蔑吾;如今吾身披精甲、手握利器,海军、陆军均占一等之列,汝敬吾为文明之国度。"但这只是表面现象,不过是以现代科学粉饰的外表,其内心仍旧是古老的日本。我依稀记得我青年时期,英国漫画家常把日本塑造成一个伶俐干净、穿着制服的送信男童。但有一次,我看到一幅美国漫画,刻画得截然不同,那是一个上了年纪僧侣模样的战士,手握匕首,昂首挺胸地站立,表情威严、不可一世。

　　我不敢自命研究过古代或现代的日本,只不过在报纸和书籍中读到过一些,也曾在工作过的政府部门里看到过相关文件。在俄日战争中,我是站在日本这边的。在该战争之前,英国和日本就订立了《英日同盟条约》,对此我深表支持。一战期间我就职于海军部,当获悉日本加入协约国并消灭了远东的德国人时,我十分欣慰。但1921年,我

---

① 山姆大叔,美国的绰号和拟人化形象。——译者注
② 大不列颠尼亚,大不列颠的拟人化称呼(女性)。——译者注

也参与了终止英日同盟的行动，对此我深表遗憾，我们两国从这一同盟中获益不少。但如果一定要在日本友谊和美国友谊中做出选择，我毫不怀疑我们应采取何种方针。

\* \* \*

在作战和制定决策时，人们必须将自己当作"旁观者"。大臣若尽可能做到这一点，所做决策正确的可能性越大；越是想他人之所想，困惑也就越少。但这种设身处地的思考需要充分的知识储备，否则只能是桎梏。我们的大臣鲜有人能够揣测出日本的想法。日本的想法的确如谜一般，新旧社会差异巨大，却又相互融合，其中的奥妙是外国人无法理解的。确实，可能日本人自己也不了解自己的想法，不清楚是何种力量左右着自己的决策。

日本军队体系由武士道传统连接起来，形成了同心圆式的圈子。武士道精神鼓励军官们为军人荣耀而死，才能无愧于祖先。但由于日本久经隔离而突然面向世界，世界又把强大的力量授予日本，因此日本渐渐有了掌控亚洲的企图，甚至要征服世界。传说还有"一百年计划"的谣言，虽然这只是为了面对风云诡谲的时代。

第二次世界大战爆发后，对日本陆军的权力和野心最有力的制衡，来自日本海军。19世纪，日本陆军由德国人训练，海军则由英国人训练。这就造成了两者巨大的思维差异，且随着兵役条件的改变，这种差异越来越明显。陆军将领很少走出国门（除了发动战争），着力打造高傲又狭隘的民族主义精神；而海军将领经常出访外国港口，因此知晓外界事物。陆军知道自己能够战胜远东地区或来到远东的任何军队，而海军清楚地看到自己军舰的实力不如英美两国，尤其在本土水域之外作战时更是处于弱势。所以，日本海军比陆军更加谨慎、谦逊。

商人阶层并不像陆军或海军那样受到官方注意或拥有官方组织，也没有单一的政策迎合其赖以生存的产业利益，例如金融业、工业和贸易。商人阶层通过政党和宫廷关系才能够发挥影响力。总体来说，

商人的利益与战争相悖，但有些商人，尤其是在中国投资的商人却支持日本陆军向外扩张的政策。在危机来临时，大部分日本人倾向于支持日本陆军而非自由主义资产阶级的领导，因为陆军的传统威望，且国人认为陆军是国民利益的守护者，反对私人资本家的企图。

＊　　　＊　　　＊

根据 1889 年的日本宪法，订立条约、宣布战争以及缔结和约等属于天皇的特权，不受国会限制。天皇还对武装部队享有最高指挥权。不过，天皇需要根据陆军和海军参谋长的意见行使权力，并根据内阁意见指导外交政策。虽然内阁需要获得国会两院大部分选票来进行立法，但内阁不对国会负责。首相的遴选和任免由天皇决定。按照传统，天皇会听取"元老"的意见。20 世纪初期，日本曾有多位政界元老，但他们相继去世，无人接替。到 1940 年，只剩下西园寺公爵。1940 年末，西园寺公爵去世后，首相遴选由前首相们开会决定，他们被称为"新元老"。1941 年，共有八位新元老。

内阁中的陆军大臣和海军大臣必须分别为现役陆军大将和海军大将。如果首相找不到陆军大将和海军大将，他就无法组织内阁。日本政治门户之别十分强烈，如果内阁政策与军部意见相左，那么军部便不会允许其大将出任内阁陆军大臣或海军大臣。因此，陆军部或海军部有权从内阁召回或威胁召回该部门的大臣，以此持续不断地影响内阁制定政策，有时甚至发挥决定性作用。

＊　　　＊　　　＊

1936 年，日本同德国签订《反共产国际协定》，这份协定由日本陆军省和德国纳粹党代表里宾特洛甫在没有得到外交大臣允许的情况下协商签订。虽然这并非同盟，但却成为德日同盟的基础。1939 年春，日本内阁（当时由平沼男爵担任首相）陆军大臣试图与德国建立全面军事同盟关系，但由于海军大臣米内大将的反对，他的愿望落空。1939 年 8 月，日本不但发动了对中国的战争（日本于 1937 年 7 月全面发动侵华战争），而且还就新成立的傀儡政权——"满洲国"的边界问题与苏联发生了局部冲突。在战火未熄的边境线上，双方的大量军队蠢蠢欲动。德国在发动欧洲战争前夕与苏联签订了互不侵犯条约，但未通知它的反共产主义伙伴——日本，日本当然感觉受到了奇耻大辱。由此，日本同苏联人的争议褪色，却对德国感到非常愤慨。英国对中国表示同情并给予支持，这导致我们同前盟友日本的关系渐行渐远。在欧战爆发前几个月，英日关系已不友善。然而，日本对德国的热情也丧失殆尽。

平沼内阁在苏德互不侵犯条约的问题上颜面丧尽，因此引咎辞职。随之继任的是安倍内阁，虽然安倍将军是陆军出身（已退役），作风却比较中庸。1940 年，安倍卸任，米内海军大将接任。在任平沼内阁海军大臣时，米内曾反对与德国联盟。在安倍和米内领导下，加之日本当时身处中日战争的泥沼，日本对欧洲方面的政策较为中立。但不久，巨大的动荡震惊世界。希特勒击溃法国和低地国家，还有可能在 1940 年秋进攻并摧毁英国，黄粱美梦即将成为现实。从在远东拥有大片属地的法国、荷兰和很可能还有英国的崩溃中，日本将一无所获吗？日本陆军和政界民族主义人士开始蠢蠢欲动。他们要求日本立即向南出兵，夺取法属印度支那、马来亚和垂涎已久的荷属东印度。为了推行该政策，陆军大臣畑大将退出内阁，因而迫使米内大将辞去首相职务。

日本人从不缺乏冷静和谨慎，并以此来维持统治。元老推荐近卫公爵接替米内，近卫是一名年富力强的贵族，他不仅同皇室往来密切，还与陆军将领交好。他从 1940 年 7 月一直执政到 1941 年 10 月。近卫备受尊重、敏锐灵活，他的策略就是给陆军象征性的权力，避免陆军将整个国家拉入战争的泥潭。1940 年夏，近卫公爵成功阻止了陆军对英属领地和荷属领地发动进攻。为了在印度支那北部获得空军基地，他不断向维希法国施压。9 月，他跟德国和意大利缔结三国同盟条约。

该条约规定，如果美国为了英国加入欧洲战争，日本则加入轴心国这边参战。

在此期间，还发生了几件大事。1940年11月底以前，不列颠战役以及希特勒从入侵英国的大话中退回去都被日本视为头等大事。英国成功在塔兰托对意大利舰队发动空袭，让这些精锐的战舰数月之内动弹不得，再加上英国大大小小的突袭，让日本不敢小觑我们新式空军的威力。日本知道英国绝不会就此沦陷，反而会继续前进、愈加强大。日本上下普遍感觉签订三国协定是个错误。而且，英国和美国联手行动的恐惧也日益蔓延。一旦两国联手，威力将不可估量。这种威胁日渐逼近。1941年春，近卫得到内阁同意，与美国展开对话以期解决两国的分歧。值得注意的是，陆军大臣东条大将这次支持近卫而反对外相松冈，因而，松冈的观点（与美对话可能会有悖于德日同盟）被驳回。

虽然如此，日本人却日渐激进。几千名中下级官员看似过着平常的现代政治生活，内心却仿佛听到了祖先预言战争将至的声音。13世纪的父辈们加倍报复蒙古人，如果他们也像那般报复苏联，还比不上父辈吗？父辈们的惊人壮举激励着子孙们大胆冒险。何况世界正处于风雨飘摇之中，涌现出了新的力量和新的国家。欧洲将形成"新秩序"，这难道不是在亚洲建立"新秩序"的时刻吗？在这宏伟的目标下，日本正悉心酝酿着应时而变的计划。陆军将领声称应由他们选择何时发出作战信号，他们还声称，日本要全面出击，最好的机会——法国沦陷——已经被优柔寡断的政客给丢掉了。

天皇和公爵常有上层贵族依附左右，他们反对发动战争。在这动乱年代，他们必然会失去很多。很多公爵曾走出国门，会见过外国的贵族。他们羡慕欧洲的生活，畏惧欧洲和美国的权力，也羡慕英国君主制度的稳固。可他们却继续依靠肤浅的议会制度，希望自己能够相安无事地掌权统治。可谁又能料到陆军的举措呢？宗法制度、天皇或任何一个王朝都不能跟陆军划清界限。天皇和公爵希望和平与谨慎，而不希望为了一场战争葬送未来。

\* \* \*

1941 年 7 月，突然而来的对日经济制裁导致日本政治矛盾更加尖锐。保守派分子大为震惊，温和派的领导人也大惊失色。日本陆军作为制定政策的主要部门，其声望开始显现出来。在此之前，海军一直发挥着制约作用。但是，美国、英国和荷兰的封港令切断了日本的油料供给，而日本海军乃至整个日本都仰仗油料供给。日本海军不得不使用自己的油料储备，而在太平洋战争爆发之初，日本十八个月的油料储备就已经被消耗掉四个月了。显然，这一举措扼住了日本的喉咙。他们面临着抉择，要么跟美国达成协议，要么进行战争。美国要求日本不仅要从印度支那撤退，还要从中国撤退，而日本已然在中日战争中投入巨大的人力物力。美国的要求虽正当但却苛刻。在此情形下，如果不能达成一致的外交政策，那么海陆两军就要共同制定战争政策。日本海军此时强化了自己的空中装备，让他们在行动中底气更足。

整个夏季和秋季，日本的领导层都在不停争论。据我们所知，在封港令下达的第二天，即 7 月 31 日，日本讨论过对美战争这个主要问题。所有的日本领袖都深知，日本选择的时日不多。德国可能要在日本实现自己的目标前赢得欧洲战争。美日政府间的对话仍在继续。日本保守人士和皇室贵族希望所达成的条约能够让他们掌握制衡国内主战派的主动权。美国政府和我都认为，日本可能在美国的巨大威力之下却步。

\* \* \*

从战争之初，读者就可以看到日本无时无刻不带给我们焦虑。日本的野心和胃口十分明显。但我们好奇的是，为何日本不在法国沦陷时发动进攻。在此之后，我们松了一口气，但我们的心始终悬着，不仅要防止敌人入侵英国，还要时刻关注西部沙漠战事。我承认，与我

们的其他需求相比，日本的威胁始终让我们笼罩在不祥之兆中。我认为，如果日本进攻英国，美国定会参战。如果美国不参战，我们便无法保护荷属东印度群岛，或是英国东部领土。如果日本的进攻牵动了美国，那么我将乐观其成，这也是我的希望。我们 1941 年的目标如下：第一，保卫英国不受入侵和潜艇战的威胁；第二，争取中东和地中海的胜利；第三，6 月之后，供给苏联；第四，抵御日本骚扰。然而，如果日本侵犯澳大利亚或者新西兰，我们宁愿放弃中东也要保卫我们的盟友。但这种情况不大可能，因为日本还有更加诱人的目标——马来亚、暹罗和荷属东印度群岛。我确信，即使我们放弃中东、放弃对苏联的供给，也无法改变马来亚被日本侵略的命运。但是，一旦美国参战，所有敌人都会惊慌失措。

在做出决定之前，战时内阁和军事顾问都经过了深思熟虑。

\*　　\*　　\*

随着时间的推移，我意识到罗斯福总统于 7 月 26 日宣布的、英国和荷兰都参与的封港令的杀伤力之大，我迫切地想联合美国海军在太平洋和印度洋对抗日本。我们曾仔细地检查过手上的资源，海军舰队是我们唯一可以腾出的资源。

8 月 25 日，我给第一海务大臣发去备忘录，希望成立一支东方舰队，并详细描述了如何组建舰队。我强烈感受到，在不远的将来，我们需要在印度洋建立一支具有威慑力的舰队，而且这支舰队应该由精英战舰组成。第一海务大臣回应称，海军部计划于 1942 年初在锡兰建立一支舰队，其中包括"纳尔逊"号、"罗德尼"号、"声威"号战列舰以及小型航空母舰"赫尔米兹"号。"皇家方舟"号将紧随其后，但要等到 4 月。同时，四艘皇家战列舰将会作为护航舰队开往印度洋。在海务大臣的备忘录中，他特别强调了大西洋战场居首要地位，他认为应该在该区域预留三艘最新式"英王乔治五世"级战列舰，从而防御"提尔皮茨"号的攻击。

我不赞同这样的安排。皇家舰队在护航时的确能够应对装备八英寸大炮的巡洋舰，但如果敌军派遣快速的现代战舰进行突袭，那么我们的舰队只能成为刀俎下的鱼肉。按照舰队目前的状态，它们不过是一些漂浮的棺木罢了。因此，我们有必要派遣一两艘快速主力舰防备日本调遣重型袭击舰。

我在结尾处这样跟海军部说道：

> ……必须补充一点，我并不认为日本会一方面深陷中国战争，另一方面抵抗英美苏的联合力量。日本很可能会与美国周旋三个月，因而暂时不会采取进一步行动或积极加入轴心国。我上面提到的军事力量尤其是"英王乔治五世"级会让日本望而却步。这对于日本来说的确是个威胁。
>
> 1941 年 8 月 29 日

\*　　\*　　\*

我们最终决定派遣"威尔士亲王"号和"反击"号、四艘驱逐舰和航空母舰"无畏"号作为远东舰队的第一批舰只。不幸的是，"无畏"号在一次事故中受到损伤暂时无法作战。尽管如此，我们还是决定让两艘快速主力舰继续前进，希望能够稳定日本政局，并同美国太平洋舰队取得联系。我们大体的海军政策是，在美国舰队的远程掩护下，在太平洋以新加坡为基地建立一个英国东方舰队，该舰队将在 1942 年春由七艘主力舰、一艘航母、十艘巡洋舰以及二十四艘驱逐舰组建而成。可靠的海军上将汤姆·菲利普斯爵士此时担任海军副参谋长，被遴选为总指挥，并于 10 月 24 日在"格里诺克"号升起他的司令旗。

\*　　\*　　\*

10月末，我给澳大利亚首相和新西兰首相发去电文，告知他们远东海军部署的细节。

1. 我认为日本不会贸然对美国、英国、中国、荷兰发动战争，除非苏联完全沦陷。即使苏联沦陷，日本也可能要等到春季德国进攻英国之时。苏联的抵抗十分顽强，尤其在莫斯科前线，且冬日将近。

2. 海军部曾计划，以新加坡为基地，在年底建立起由"罗德尼"号、"纳尔逊"号和四艘"皇家"级战列舰组成的舰队。然而，"纳尔逊"号近日受创导致该计划告废，"纳尔逊"号可能要经过三四个月才能恢复。

3. 在此间隙，为了进一步阻止日本，我们正派出最新战舰"威尔士亲王"号加入印度洋的"反击"号编队。这项决定是不顾国内舰队总司令的抗议而实行的，有很大风险。"威尔士亲王"号不久将抵达开普敦。另外，四艘"皇家"级战列舰一经准备就绪，就会被调往东方水域。随后，威力更大的"声望"号将接替"反击"号。

4. 我认为，"威尔士亲王"号是最大的震慑，我们要尽全力保证它的安全。但是我必须清楚地指出，在12月"约克公爵"号准备就绪前，"提尔皮茨"号随时可能突袭或进行其他作战，因此，"威尔士亲王"号在开普敦的行动必须重新考虑。

\*　　\*　　\*

10月，近卫公爵卸下了重任。他曾要求在火奴鲁鲁与罗斯福总统举行一次私人会晤，并携陆军及海军将领参会，以此让他们对所讨论的问题负责。但是，总统拒绝了近卫的请求，于是陆军对这位睿智的政治家进行尖锐抨击。这样，近卫的职位被东条大将接替，东条继而成为日本首相、陆军大臣和内务大臣。战后东条按照惯例被战胜国处以绞刑，他曾在审判中说道，他亲自接管内务是因为"他感受到一股可怕的趋势，那就是，如果用和平取代战争，那么国家就会发生内乱"。东条奉天皇旨意，与美国恢复外交关系，但他与政府同僚达成共识，如果内阁建议遭拒，日本就会加入战争。1941 年 11 月，东条和幕僚长告知天皇，战争不可避免，天皇仍希望能够尽量避免战争，但告诉东条"如果事态如你所言，那么除了战争别无他法"。

11 月初，我收到蒋介石的来信，信中他语气焦虑不安，称日本将会对中国采取进一步行动。他认为，日本决意从印度支那进攻昆明，并切断缅甸的通道。蒋介石请求英国从马来亚对中国进行空中支援。他在结尾处写道：

> 乍看一眼，您可能认为这会让身处欧洲和中东沼泽的英国陷入对日作战的泥潭。而我之所见不同。我以为，只要中国持续抵抗，日本就不会有机会得逞，但一旦中国沦陷，日本就会寻找可乘之机进攻英国……中国已经进入抗日战争的最关键时刻。中国能否保卫新加坡和缅甸的通道就看英美是否愿意加入保卫云南的行动。如果日本打破了我方在云南的防线，则我方与贵国之联系将被切断，而英美两国的海空合作以及荷属东印度也会重新受到威胁。我愿尽一切力量表达我的信念，给予中国援助是明智之举。若要击败日本，除此以外别无他法。盼您回复。

我只能先把此信转交给罗斯福总统。

前海军人员致罗斯福总统：

1. 我已收到蒋介石向英美两国寻求空中支援的求助。您清楚我们在新加坡的空军部署。不过，我会准备派遣一些飞行员和飞机前去，只要他们能如期抵达。

2. 我们现在需要对日本进行强有力的震慑。日本迄今还未做出最终决定，天皇似乎正施加约束。当初我们在普拉森夏湾谈及此事时，您说过要争取时间，这一策略十分奏效。但我们的禁港令逐渐逼迫日本在战争与和平中做出选择。

3. 现在看来，日本人可能会入侵云南，切断缅甸公路，后果对于蒋介石来说不堪设想。抵抗失败不仅是中国的悲剧，更是让日本有机会把大部分兵力向南或向北转移。

4. 中国已经呼吁我们要就日本进攻云南一事提出警告，我相信他们应该也这样向您呼吁了。希望您能够提醒日本，日本在未经允许的地区驻扎并进攻中国是对美国政府的无视。英国也准备发出同样的照会。

5. 我方独立行动无法震慑日本，因为我们手头其他事务繁多。但是，英国当然会与美国并肩而战，尽我们所能支持美国，无论你方选定何种方针。我个人认为，日本可能被迫卷入战争，但不会主动发起战争。请将您的想法告知。

1941 年 11 月 5 日

11 月 9 日，总统回复称，虽然不能轻敌，但他认为日本准备由陆路进攻昆明并不代表日本会在不远的将来发动侵略。总统愿意履行《租借法案》竭力援助中国，并在中国成立美国志愿军。他认为，任何对日本"言语上的警告或抗议"都可能会适得其反。"我们会持续关注事态的发展，并认真研究"。

我们只能继续实行我们在远东的海洋战略，让美国通过外交手段尽力遏制日本在太平洋的行动。

＊　　＊　　＊

我致信史末资将军，他曾提出一些更大的问题。

首相致史末资将军：

　　我认为此时以我私人名义呼吁美国加入战争并无用处。在大西洋会议上我曾告诉美国官员，我宁愿美国立即宣战，即使半年得不到供应物资，也不愿美国供应双倍物资却不宣战。当别人向总统转述时，他认为这句话过于苛责。的确，我们不能忽视总统在宪法程序上的难处。他可以以行政首脑的身份去采取行动，但只有国会才有权宣战。他甚至对我说："我可能无权宣战，但我可以发动战争。如果我请求国会宣战，国会可能要就此事争论三个月。"征兵法案仅以一票优势通过，没有这一法案，美国陆军早就土崩瓦解了。如今，参议院以微弱优势通过了废除《中立法》的法案。如果这一法案在众议院也得以通过，就意味着美国要在大西洋与德国持续做斗争。美国舆论最近虽有所进步，但就国会来说，只是清点票数的问题。自然，如果我有办法改善这一处境，我定会尽力为之。同时，我们必须具有耐心，相信这是大势所趋。

1941 年 11 月 9 日

＊　　＊　　＊

11 月 10 日，在首相照例出席的伦敦市政厅年度宴会上，我说道：

　　我须承认，四十年前即 1902 年，我投票赞成英日联盟，也一直致力于加强英日关系，真诚祝愿日本并钦佩日本人的才华智慧，但如今，我却亲眼看着日本跟英语世界开战，对

此我痛心疾首。

众所周知，美国一直在关注远东。他们竭尽全力维持太平洋的和平。我们不知道美国能否成功，但如果美国失败，他们便会卷入对日战争，英国会紧随其后，义不容辞地宣战。

平心而论，日本完全没有必要卷入这场世界战争，这简直就是一场冒险，因为他们不难发现，自己在太平洋上是和人口将近占人类四分之三的国家为敌。如果钢铁是现代战争的基石，那么这场战争对日本来说便十分危险，因为日本钢铁的年产量只有七百万吨，而美国钢铁的年产量为九千万吨，简直是以卵击石，这还没计算英国的强大支援。我希望，日本能够按照本国睿智政治家的想法来维持太平洋的和平。但是，英国已经做好一切准备，随时保护我们在远东的利益，捍卫如今濒临危险的共同事业。

\*　　\*　　\*

11 月 20 日，日本向华盛顿发送了"最后之言"。虽然日本显然是想不劳而获，企图不通过战争就攫取利益，但美国政府还是认为有必要发出最后的外交建议。美国把日本照会内容告知英国，并询问我们的意见。11 月 23 日，我给外交大臣发去一份备忘录。

首相致外交大臣：

我们关心的是：不再发生入侵和战争，因为我们已经受尽战争的折磨。美国不会对中国坐视不理，我们也会支持中国。我们当然不会同意日本在西伯利亚入侵苏联的条约。我本人怀疑这在目前是否会发生。我记得罗斯福总统曾在大西洋会议上亲笔写道，"北方不得再有入侵"，我对此深表赞同。我认为，没有必要由日本正式宣布废除轴心国条约。日本此时置身战争之外已经让德国倍感失望。我们不应反对美国或英国对中国的帮助。美国应该不会要求我们这样做。

鉴于以上内容，对日本放松经济制裁是值得的（日本如今只能糊口度日），即使英国只得到了三个月喘息时间。然而，这些不过是初步的意见。

我不得不说，如果美日协议能达成一致，那么我将十分欣喜。因为有此协议，在以后的三个月里，英国在远东的状况就不会再恶化了。

1941 年 11 月 23 日

＊　　　＊　　　＊

11 月 25 日，总统发给我一封谈判记录。日本政府提出，在跟中国达成解决办法之前或在恢复太平洋和平之前，从印度支那南部撤军。相应地，美国要向日本供应石油，不干预日本在中国恢复和平，协助日本攫取荷属东印度的利益，并恢复美日之间正常贸易关系。双方都应同意在东北亚和南太平洋地区不再采取"军事行动"。

随后，美国政府打算进一步讨价还价，大体接受日本的建议，但在日本从印度支那南部撤军方面，美国添加了更多细节条件，同时也没有提到美国在中国的立场。美国准备在原来的对日经济政策上稍加修改，把全面经济冻结改为部分冻结，例如，石油供应以月为单位，仅供应日本平民所需数量。美国此项提议有效期为三个月，且前提为，在此期间日本能够提出太平洋问题的总体解决方案。

在我看到这份一直被称作"临时协定"的草案复文时，我认为仍有不足之处，荷兰政府、澳大利亚政府，尤其是蒋介石都有同感。蒋介石向华盛顿发文表示抗议。然而，我深知，我们不能随意评论美国的政策，只有美国才有权做出决定。一旦出现"英国人正在把我们拉入战争"这种想法，危险就会随之而来，对此我心知肚明。因此，我不去触碰这一敏感话题，而是把它交由总统全权处理，只提到中国方面，并向总统发去以下电文：

前海军人员致罗斯福总统：

　　我今晚已经收悉关于日本的电文，也从哈利法克斯那里获悉有关商讨的内容以及您对日本建议的复文……当然，这件事理应由您来全权处理，我们肯定不想再多增添一场战争。只是有个问题困扰着我们，即中国问题。蒋介石方面该怎么办？他的处境难道不会十分艰难吗？如果中国沦陷，英美两国的处境就更加危险。我确信，美国对中国事业的考虑将会助您找到答案。我们认为，日本人现在对自己最缺乏信心。

1941 年 11 月 26 日

这封电文在当天黎明就抵达华盛顿了。赫尔先生在他的回忆录中说道：

　　当晚，总统收到丘吉尔先生传来的电文，电文主要评论了我们的临时协定。很显然，首相先生受到蒋介石电文的影响，他担心在临时协定之下，蒋介石是否只能获得微薄的援助。他说，中国是他担心的问题，中国沦陷会大大增加英美两国的危险。我与国务院远东问题专家多次讨论之后得出结论，我们应该取消临时协议。取而代之的是，我们应只把十点建议作为总体解决方案交给日本，而临时协议原本是这十点建议的前言。尽管我们在临时协议中承诺的供给微乎其微，仅包括棉花、石油以及其他数量不多的商品，但很明显，美国民众普遍反对向日本提供石油，哪怕是只是少量的。中国人也强烈反对，其他有关国家政府要么反对要么中立……因此，即使日本有一丝可能会同意这一临时协议，也无法保证这一协议不会带来风险，例如中国士气大减、面临瘫痪，甚至土崩瓦解。

* * *

我们从未听过"十点建议"，这份文件不但符合英国以及其他相关政府的愿望，而且还超出了我们要求的条件。26 日，赫尔先生在国务院接待了日本使节，但他甚至没有提到总统于 23 日晚发送给我的临时协议。相反，他递交给他们"十点建议"。

特使们目瞪口呆，失落而归。这可能是真的。他们因爱好和平的声望和中庸的处事风格而被遴选出来，希望可以哄骗美国不加防备，从而为自己争取时间做决策和准备。他们对本国政府的总体想法知之甚少，但他们做梦也没想到赫尔先生知道的比他们自己还多。自 1940 年底，美国人就在窥探日本战略情报，并破译了大量军事和外交电报。在美国高层，这些电报被称为"魔术"。美国人还会将"魔术"抄送一份给英国，不过英国要两到三天后才能收到。所以，我们还不知道总统或者赫尔先生所知晓的消息。我对此并无怨言。

同日下午，总统给驻菲律宾的高级专员发去以下电文：

> 显然日本正在准备某个进攻的前期工作，虽然进攻兵力和进攻方向（缅甸公路、泰国、马来半岛、荷属东印度群岛还是菲律宾）尚未知晓。最有可能进攻的是泰国。我认为，日本的进攻可能会导致美国和日本之间爆发敌对行动。

* * *

11 月 29 日，英国大使哈利法克斯勋爵拜访国务院时，赫尔先生告诉他，日本的危险"迫在眉睫"。"我们与日本的外交关系事实上已经终结。我已经同陆军和海军交谈过，问题现在交由他们处理……日本可能迅速行动，闪电出击……我的理论就是，日本已经意识到，他们重新开始的无休无止的侵略很可能是孤注一掷的，需要极大的胆量。"他又说，"如果当初丘吉尔在收到蒋介石有关临时协议的抗议信后，能给蒋介石发去一封强有力的电文，让蒋振作起来，让他能以日本和美国那样的热情去战斗，情况会好一些。然而，丘吉尔把蒋的抗议交给我们……"

我不知道日本已下定决心，也不知道总统决心如何。

前海军人员致罗斯福总统：

　　我认为，还有一种防止战争的重要方法没有尝试，那就是公开地或秘密地（选一种更好的方式）宣布，任何形式的进攻都会立即导致严重后果。我知道您在宪法方面的难处，但是，如果日本没有意识到进攻的后果而进入战争，这将是一个悲剧。我请求您考虑一下，在您认为适当的时候，您是否应该说出"日本的任何进攻都会让您不得不以最严重的问题向国会递交"，或说出类似的话语。当然，英国将会发表类似宣言或跟美国签署联合宣言，英国时刻准备跟美国同时行动。我亲爱的朋友，请原谅我给您施加压力，但我相信，这样做可能会改善局面，阻止战争的蔓延。

1941 年 11 月 30 日

但是总统和东条已经远远地走在前面。世界大势也是如此。

\*　　　\*　　　\*

30 日，午后不久（美国时间），赫尔先生跟总统见面，总统先生的桌子上放着我昨夜发出的同日电报。他们认为我所提出的对日联合警告并无作用，我们对此并不惊讶。他们刚截获了一封从东京至柏林的信件，日期也是 11 月 30 日，信中告诉日本驻德国大使通知希特勒和里宾特洛甫：

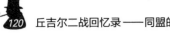

　　请秘密告诉他们，英国和日本之间可能会突然爆发战争，并告诉他们战争可能会提前到来。

　　12月2日，我收到这类电报的译文。英国不需要采取特殊行动，我们只需等待。事实上，日本的航空母舰已经于25日出发，载着全部海空军准备袭击珍珠港。当然，它还是要等待东京方面发出指令。

　　12月1日，东京的御前会议决定对美国发动战争。根据后来东条受审时的证词，天皇并未发表观点。接下来的一周，太平洋格外平静。外交解决手段已经用尽，然而日本却还未发起任何军事行动。我心底担心的是，日本可能会进攻英国或荷兰，而美国可能碍于宪法问题迟迟不肯宣战。12月2日，经过长时间内阁会议，我向外交大臣发去一份备忘录，阐述我们的结论：

首相致外交大臣：

　　我们的最终政策是不先于美国采取进一步行动。除非日本试图夺取克拉地峡，否则美国还是有时间准备对抗日本的进攻。如果美国行动，我们也要立即采取行动。如果美国按兵不动，我们必须重新考虑我们的立场。

　　日本随时可能进攻荷兰属地。这是对美国的公然蔑视，鉴于日本与美国谈判刚刚结束。我们应该告诉荷兰，我们不会阻止日本进攻所产生的任何影响，这是日本和美国之间的问题。如果美国对日本宣战，我们便会紧随其后。如果美国一段时间后还是无法做出决定，即使独立支撑，英国也要立即支援，跟荷兰同舟共济。

　　任何对英国属地的袭击都是与大不列颠为敌。

1941年12月2日

\* 　 \* 　 \*

　　英国情报部门和空中侦察队时刻提高警惕，很快察觉到日本的活动表明它准备攻打暹罗，并且这次行动还包括一场以夺取克拉地峡的战略据点为目的的远征。我们把此情报报告给华盛顿。我们和远东总司令以及澳大利亚政府、美国政府多次通信，讨论是否应该先发制人保卫克拉地峡。从军事和政治立场考虑，我们最终认为不应该在第二战场主动出击，否则会让事情复杂化。12 月 6 日，伦敦和华盛顿方面得知，一支包括三十五艘运输舰、八艘巡洋舰和二十艘驱逐舰的日本舰队正从印度支那横穿暹罗海峡，其他日本舰队也正在海面执行其他任务。

*　　*　　*

1946 年，一个庞大的美国调查团公布了诸多发现，其中包括很多导致美日战争等重大事件的细节，以及未能通过军事部门发送积极的"警戒"命令给其无掩护的舰队和卫戍部队的经过。日本密电的破译细节以及电文原本共计四十卷全都公之于世。美国的力量足以使自己渡过这个难关，这种磨砺正是美国宪法精神所要求的。

我不打算用这篇叙述来评价美国历史上的这一插曲。我们都知道，总统身边的亲信都感受到了日本带来的巨大危险，日本可能在远东攻击英国属地和荷兰属地，同时小心翼翼地避开美国，这样一来，国会便不会批准美国宣战。美国领导们意识到，如果日本侵略成功，再加上德国征服苏联和英国，那么美国便要独自面对联合起来的侵略者。因此，不但本就处于危险关头的道德事业会遭受冲击，而且美国的命运、尚未意识到危险的人民大众都会受到威胁。总统和他的亲信早就意识到，美国在战争中保持中立会带来巨大风险，会受到国会的限制。几个月之前，众议院仅以一票优势通过了义务兵役制。没有义务兵役制，美国的陆军早就在动荡的世界中瓦解了。罗斯福、赫尔、史汀生、诺克斯、马歇尔将军、斯塔克海军上将以及他们的中间人哈里·霍普金斯都同心同德。美国人的后代以及各处的自由人民都应为这些人的远见卓识而感谢上帝。

　　日本袭击美国大大简化了美日之间的问题。美国认为日本的攻击形式甚至攻击规模都不重要，重要的是美国整个国家空前团结、同仇敌忾，我们对此可以理解。在美国看来，也如我所见，日本攻击美国无异于自寻死路。而且，美国比我们更早知晓日本的目的。我们还记得苏格兰军队从邓巴高岗冲下来时，克伦威尔将军大喊道："上帝把他们送到我们手心来了。"

　　我们也绝不能因为外交往来而把日本描绘成一个伤痕累累的无辜者，说它只是企图在欧战中寻求正当理由来攫取利益，而这时美国却提出了让极度恐慌和充分准备的日本人民无法接受的意见。日本蹂躏、镇压中国多年。如今，日本占领了印度支那并签订了三国协定，日本实际已跟轴心国拴在同一条线上。既然它敢做，那就让它承担一切后果吧。

　　曾经，日本似乎不大可能因为跟英美苏交战而最终走向灭亡。日本宣战不合乎道义。我敢肯定，日本多行不义必自毙，而最终事实也是如此。但是，任何国家和民族都不可能永远做出正确的选择。他们有时会做出疯狂的决定，或一方得势而强迫他人听从指挥、做尽蠢事。我曾毫不犹豫地一再强调，我相信日本不会疯狂行事。但是，无论我们如何站在他人立场考虑，我们都不能理解这种非理性的行为。

　　然而，疯狂是一种折磨，它在战争时会使人去谋求突袭的优势。

# 附录（1）

## 军事指令和备忘录

### 1941 年 1—6 月

首相致陆军大臣和帝国总参谋长：

1. 关于 W. S. 第五号运输船队，其中 A 船队已经出发，而 B 船队也将即刻启程。因此，他们已经没有任何问题。两支船队共载五万五千人，其中一万两千人将前往印度等地，剩余四万三千人则将前往中东。而在派往中东的四万三千人中，用于支援作战部队以及特遣部队的约有两万两千人，另外的两万一千人则是技术人员、补给人员以及基地驻军等等，其中海军和空军约有四千人。因此，位于中东的集团军共得到两万两千名战斗人员以及一万七千名其他人员。

2. 就目前来看，中东集团军（在肯尼亚和亚丁的将近七万人除外）是由十五万战斗部队组成。而在这些部队之后，则有补给人员四万名以及基地驻军和分遣队两万名——即十五万加六万。如今，再加上 W. S. 第五号的 A、B 两支运输船队，包括两万两千名战斗人员及一万七千名补给人员和基地驻军等，共计有战斗人员十七万两千名，以及后勤人员七万七千名。

3. 目前，W. S. 第六号运输船队正在进行装载的包括八千五百人的战斗部队，外加四千名特遣部队中的部分战斗人员——约二千五百人——共计战斗部队一万一千人；此外还有机动海军基地人员五千三百人（晚些时候运到）及皇家空军（包括前往开普敦的特训部队）与海军七千人、自由法国军队两千人，基地驻军和其他分遣队约九千人。该运输船队抵达之后，中东方面的人员总数将变为十八万三千名战斗人员和八万六千名后勤人员——即十五比七。须多加注意的是：战斗部队与后勤人员之间的比例已越来越小。

4. 然而，"战斗部队"这个类别则有待深究。例如，据我们所知，第七澳大利亚师的一万四千八百人均未受过训练，而且大部分没有战斗装备；而骑兵师的八千五百人，其机械化尚无任何进展，除了能维持当地秩序外，他们实际上不能称为战斗部队。我还可以指出其他几支部队，就其有效的机动性而言，同样无法称之为战斗部队——这种部队约有六千人。因此，战斗部队总数需减去二万九千人，即从十八万三千减到十五万四千，而后勤人员和非战斗人员方面则需加上二万九千人，即从八万六千增至十一万五千。所以，中东集团军（不计在肯尼亚和亚丁的七万人）的构成应为：战斗部队十五万四千人及后勤与非战斗人员（除了就近维持当地治安外）十一万五千人。似乎非战斗人员所占比例偏高。有一点需牢记，由于每个师或旅自身都有前线运输队，通常而言，无论师或旅，均是相互独立并自给自足的军事单位，因此可以从战斗部队中再减掉不少人。不仅如此，我们还应记住一点，为了向所有后勤和未经整编或丧失战斗力的人员提供供给，就必须严格削减英国人民的口粮，近日还需进行更进一步的削减；同样不能忘记的是，为了运输每位士兵和每吨供应物资，船舶都冒着重大危险，如敌人潜艇、空袭和袭击舰的袭击，再绕道好望角。船舶往返航程及进出港口和装卸需要花费四个多月的时间。鉴于此，无论是身在国内或中东，只要是忠诚之士，均有责任努力增加战斗部队的数量，并将后勤和非战斗人员的数量尽力控制在最低范围内。这为行政管理工作人员提供了一个良机，以做出突出贡献。而这种突出贡献或许可以给战时经济带来捷报，如同在战场上斩获胜利。

5. 若上述 W.S. 第五号 A 和 B 及 W.S. 第六号运输船队运载了不少后勤人员，并的确能激励上述第四段中所提及的两万九千名非战斗人员投入到战斗当中，那么我将对此感到十分满意。举个例子，可否

让第七澳大利亚师获得必要的增援部队，使其能承担超出当地范围的军事行动？可否让八千五百人所组成的骑兵师成为机械化部队，并以几个旅或至少几个团的兵力来对阵敌军？若能实现，即使眼下我们各运输船队中的非战斗部队的比例仍是一个难题，中东集团军的作战人数无论如何也都会有显著提升。即便晚一点运送第五十师，也不会有什么问题。就这一点而言，或许能传来令人宽慰的消息。

第一旅负责在 W. S. 第六号运输船队中运送第五十师，该旅是否优于运送海军基地机动保卫队？针对该问题，眼下正展开细致的权衡。但准备工作可能已经展开了很久，此时要想做出调整，恐怕不是件易事。参谋长委员会在近三个月内将不会展开行动，鉴于此，这个问题必须于明日（7 日）交给他们来考虑。

6. 若不这样做，就得按照现在的建议行事，允许派出 W. S. 第六号运输船队（人数已减至三万四千人，甚至更少）。中东驻军的最终结构令我感到十分遗憾。这些运输船队悉数到达后，其总数将升至二十四万人，再加上四万三千人和两万人——总计超过三十万人。另外还有在亚丁和肯尼亚的七万人——支饷和领取口粮的人数总计为三十七万人。该军队十分庞大，但只有下列是作战部队：第六澳大利亚师；一支新西兰师（由两个旅组成）；第四英印师；第五英印师；第十六步兵旅；第二装甲师；第七装甲师（不完整）；英国第六师（不完整）；从肯尼亚和亚丁的七万人中抽调组成的战斗单位，如两个南非旅、两个西非旅和当地的东非军队。我们希望不久之后，除了这些部队，再将以上不完整的部队补充完整，且把未分类和在后勤部队所募集到的兵员组建为英国第七师。这些后勤部队包括第七澳大利亚师、一个机械化骑兵师。如此一来，大概就拥有了十个师的兵力（步兵、装甲兵和骑兵），另加上大约一个肯尼亚的师——共计十一个师。虽然兵力如此，但从如此广阔的区域所取得的收获却少之又少。

1941 年 1 月 6 日

首相致伊斯梅将军，转参谋长委员会：

昨晚，我们经过讨论后，做出如下决定：

1. 三艘"格伦"式军舰以及其运出的所有登陆艇和突击队（由于韦维尔将军已有一支突击队，故要减去一支）应尽早出发，取道好望角，到达苏伊士港。

2. 剩余部队包括：（1）鉴于埃及已经有一支突击队，故有一支突击队多余；（2）已搭乘"卡兰加"号的突击部队；（3）国内剩余的突击部队。应即刻将这些部队补充至五千人，并为其提供装备，继续迅速展开训练。若不能做到这点，我们为新登陆艇所配备的人员及其所需的主要进攻武器将悉数丢失，可眼下，新登陆艇正从造船厂不断运来。联合作战指挥官须留守国内，从而将这支军队进行重新整编，使其数量达到五千人。

望于当天，即（21日）拟定一份实现一、二阶段的计划，并交给我。

3. 须通知韦维尔将军，我们已批准其向班加西进军的计划。除非事发突然，否则他在此期间还需在尼罗河三角洲设立一支部队，以便在登陆艇和突击队到达后能攻下"下颚"作战计划的主要目标（罗得岛）。

4. 此外，韦维尔将军应立刻在尼罗河三角洲筹建一支战略后备军，以便在希腊或土耳其需要时派上用场。待其在班加西的一支野战军和以该港口为基地的一支装甲师顺利站住脚后，便可舍弃陆上交通线，从而节省人力与运输。

班加西被（我们）攻下后，将成为防守坚固的海军与空军基地。至于大炮，可在必要时设立在亚历山大港和各交通线上相距不远的港口或据点。鉴于此，在之后两个月中，他可以整编出一支战略性攻击部队（可将"下颚"作战计划的军队用于该批军队首支队伍）。尽管采用旅编制更佳，但还是希望这支部队过不了多久，实力便可相当于四个师。

5. 在部署空军时，首先应考虑到我们对希腊所承担的义务，但应

与上述行动保持配合。中东空军作战总司令一马当先，其任务就是持续不断地调集战斗机支援马耳他岛。为确保任务能够圆满完成，第三批四十架"旋风"式战斗机将装载在"愤怒"号上开始新的航程。

6. 不论是出于"流入"作战计划，还是"约克"作战计划的缘由，都应组建一支远征军（两个师及一些直属队抑或是经过整编的突击队组成），开赴地中海西部执行作战任务，以便随时支援韦维尔将军。针对这两项作战计划，一定要认真加以研究、修订，从而使其更趋完善，二者之间，"约克"作战计划更贴近实际，可行度更高。此项任务司令官的重要性不言而喻，应当及时委派合适人员出任，并保证行动准备计划在 3 月 1 日之后敲定。以上计划与即将开赴中东的运输船队是否冲突，还需进一步探讨并形成报告。

1941 年 1 月 21 日

首相致陆军大臣：

1. 我诚挚表达谢意：为遵照我的建议，你付出很大努力，从而大大缓解了陆军对英国人力的需求。

2. 我依旧不是很明白，一支融合各兵种人员有一万五千人的师应是齐装满员、绰绰有余了，可为什么还要三万五千人呢？依照你的计算方式，那么一个集团军岂不是要十万五千人，但其实野战部队仅仅只有四万五千人。那么你来给我罗列一张表，阐述一下剩余六万人是如何配备的：（1）集团军直属部队；（2）分至该军的集团军直属部队；（3）后勤补给部队。

3. 令我费解的是，我们以何标准来计算补给部队。大不列颠岛上的军队驻扎在其供应基地的中心，即世界上最发达的铁路网中心。该军队所拥有的公路不计其数，并且是高级公路。若有敌军入侵，即使乘火车从南至北或从北至南进行长距离的移动，行军的里程数至多不超过七十至一百英里。和法国情况相比，眼下这种情况完全不值一提。在法国，我们选择了圣纳泽尔等港口为基地，所以我们必须守住一条五百英里长的交通线（大多数是公路）。1940 年的今日，派往法国的

第一批补给部队的规模为十个师，和现在你预备留在大不列颠的军队所提供的补给部队的规模相比，其中的区别到底何在？

4. 如果我们不预测一下此后一年内的情况，将无法解决问题。毫无疑问，为了防止入侵，我们需要在海滩后方布置不少于十五个英国师。位于法国的军队（英国远征军）的规模只相当于这些师的一小部分。鉴于地中海已经被封锁，我们将会放慢中东军队的整编工作。即便如此，我们假设，截至 7 月，在尼罗河三角洲或（沿）尼罗河而上，会有四个澳大利亚师、一个新西兰师、一个南非师、八个英印师中的六个师和三个英国师（或同等兵力的旅）。除此之外，还有四个非洲殖民地师，位于非洲。最后这四个师势必不是普通部队，换句话说，不能将之看作战场上的主要战术部队来调遣。事实上，它们仅仅是东西非洲和苏丹的驻防军，仅需再提供少数炮兵和技术兵，补给部队则交给当地来解决。请告诉我，你将为这四个驻屯或地方化的所谓"师"提供多大规模的军直属部队、集团军直属部队和补给线部队。无论从哪方面来讲，都将其称为师，难道正确吗？

5. 我们把视线回归至尼罗河集团军及其十六个师，有一点需明确：若我们攻下班加西，并派一支野战部队驻守该地，埃及形势就会有所好转。到了那时，只需派遣英印师来维持国内治安即可。事实上，这几个英印师即将驻扎的位置可能会发生骚乱，它们不会如在法国或佛兰德作战的英国师，更不会像在国内的英国师那样必定加入战斗。你将给这些师提供多大规模的补给部队呢？在你看来，有必要将其编成军，按照欧洲定额来为其提供中型炮和重型炮吗？

6. 然而，我们需要这样考虑问题：在这个战场上，我们的主要目标是让尼罗河集团军中最大的一支军队参与到大规模军事行动中，从旁协助希腊或土耳其或两者来加入战斗。在你看来，到了 7 月份，会有多少个师（或同等兵力）在东南欧作战？我认为那四个澳大利亚师、一个新西兰师、两个南非师中的其中一个、三个英国师、六个英印师中的三个师，共计十二个师，应该可以投入作战。由于这些军队所针对的是德国人，因此必须以最高标准来为其提供装备。这些军队

只能逐步参战——截至 3 月底，大约会有四个师参加战斗，其余部队要等有了船舶和装备之后再说。那么问题就来了：对那十二个师而言，其敌对目标是德国人，须为其按最高标准来提供装备；对另外那些防止埃及境内发生骚乱或负责驻守被攻下的意大利领土的军队，则需为其提供二等标准的装备；而针对所谓的非洲殖民师，装备标准则更低。我希望，获悉总体情况后（总参谋部还应对此认真研究），你便可以准确定位自己的问题——确保国内的五个英国师的机动性最高；十个师的机动性仅次之，并在中东将其逐步发展为最大规模的十二个师，从而在希腊或土耳其对阵德军；在埃及、苏丹等地的四个师要有中等规模；另外四个非洲殖民地师则按当地具体情况进行整编——总计三十五个师，加上在马来亚服役的两个英印师，统共三十七个师。鉴于此，共计五十八个师中所剩下的有二十一个师。在这其中，有九个是装甲师，其余十二个英国步兵师则待定。

7. 这十二个英国师有何前景？其中最多有六个师在收到通知后，须即刻开往法属北非。若西班牙态度友好，我们便可与其合作，当然二者不可兼得。把这六个师分为两个包括三个师的军，令其作战，但鉴于航运形势紧张，它们只能逐步参战。只要参战，这些部队对阵的便是德军。鉴于此，必须为其提供最适宜的装备。但有一点需注意，在这两大战场上，重炮或中型炮均没有多大的用武之地。如果是在西班牙作战，就有很大可能需要采取游击战。

8. 在接下来的数月内，我们无法为剩余的六个师提供最高标准的武装。但若到了 8 月底，如果这些师已经可以在海外对阵德军，那已令人十分满意。

9. 师的总数为五十八个，其中九个是装甲师。你计划如何指挥这些装甲师呢？按照初步设想，国内驻守四个师，在非洲西部进行两栖作战需要两个师，在中东或巴尔干战场则需三个师。若这样分配，似乎也十分恰当。毋庸置疑，凡是派去国外的师，后勤与修理工作所需规模将远远大于那些驻扎在英国大工场周围的师。你们是否考虑到这些差别？

10. 从理论上而言，每月八千五百人的作战伤亡人数并不算太高。但从实际来看，除去入侵，接下来数月内都不可能进行如此大规模的军事行动。因此从可行性而言，最好是自 1941 年 7 月 1 日起，再以每月八千五百人来计算较为妥帖。预计将省下六万人。

11. 每月由于一般情况而裁掉或淘汰一万八千七百五十人（或每年裁掉或淘汰二十四万三千七百五十人），这个数字似乎偏高。若英国国内的供应和居住条件有所改善，士兵更加适应生活，不知道这个数字是否会有所下降……希望能告诉我，退出陆军的这些士兵中，有多少人不适合担任其他一切战时工作。每月死亡人数、丧失劳动力者的总数、适合担任较轻职务和适合担任军火制造工作者的人数各是多少？我希望，被裁掉或淘汰的人中，每月至少能有一万人来完成其他工作。陆军在向国家提出人力要求时，应将其弃之不用，但仍具备非军事工作能力的人视为自己人，这一点对陆军而言十分关键。当然，这不会对问题的本质造成任何影响，只会影响问题的提出，但不管怎样，这么做还是至关重要的。

12. 鉴于我们采用了新方法，并且我们的空中优势日趋明显，因此，我认为英国防空委员会日后将节约诸多人力。每门炮所需人数多到惊人。在认真研究后，在很多地区都可以削减这方面的人数，而且可以稍微降低警戒状态的标准。这些项目中，即便节省的百分数很小，也能为眼下刚参战的高射炮和探照灯腾出少量的人员。

13. 我希望"海滩营"这个词不仅仅是指代那些年轻、健康、训练有素的兵员。一定要采用轮换制度——各旅均需轮流在海滩上值勤，或到后方机动师服役。

14. 通常而言，在我看来，截至 1942 年 10 月 1 日，陆军要求九十万人，减去六万人，再减去十五万人——净数达六十九万人，算不上太多。需要继续展开训练；将被裁掉或淘汰掉的人数补齐。一旦陆军开始激战，到了那时，势必要从社会上征集大批人员，而且还需从军火制造和空袭警备处搜集人手。我期望在今年六个月里，即军事行动最少的时期，将人力要求维持在限度之内。

15. 我在等你们进一步汇报备忘录中所提及的情况。然而，若情况真是如此，即若只是为了从上面提出的庞大总数中省下一万八千人，却要缩减二十个中型团或四百八十门大炮，又或者，为了省下五千六百人，而缩减拥有一百六十八门大炮的七个野战团，我将感到十分遗憾。眼下重中之重是增强陆军的战斗部队。考虑到这一点，情愿在理论上计算裁掉或淘汰的人数时激进些（即便日后证明这么做是错误的），也好过眼下无法确定合适的大炮定额。

1941 年 1 月 29 日

## 陆军规模
### ——国防大臣指令

1. 内阁于 1939 年 9 月批准设立一支野战集团军，规模为五十五个师，却没有想到陆军部所设定的一个师及其军直属部队、集团军直属部队、总部和补给部队，所需人数达到四万两千人，这个数字尚不包括各训练机构和各驻防军、军需库守卫人员或不属于野战军的军队。除此之外，那时他们还以为我方与法国陆军将继续并肩作战。可如今，我方大多数陆军则需留守国内保卫本岛，防止敌人入侵。再者，考虑到航运形势不佳，我们无法将大量军队运至海外并保持供给，尤其是无法做到陆军部队所认为必要的高标准。

2. 在这五十五个师中（现在已有五十七个师），有三十六个师是英国军队，二十一个师是海外军队。在这三十六个英国师中，有一个师（名义上）在冰岛，一个师（第六师）正在埃及筹建，除此之外埃及还有另外两个装甲师，这么一算，眼下共有四个英国师位于海外。

3. 眼下，隶属于国内陆军的部队包括：二十五个英国步兵师和正在整编的部队，兵力相当于七个装甲师。按每师一万九千五百人来计算，这二十五个英国步兵师共有四十八万七千五百人；按每师一万四千人计算，那七个装甲师共有九万八千人，总计五十八万五千五百人。除了师的编制之外，本土部队总司令还有十个独立旅，包括各警备旅、二十七个海滩旅和十四个未编成旅的营，均隶属于英国。按照每个旅

平均三千五百人计算，这四十二个旅约有十五万人。鉴于此，隶属于英国军队的人数共计七十三万五千五百人。

4. 国内，我方提供给养的英国士兵人数达到一百八十万。以上部队占了七十三万五千五百人，剩下一百零六万四千五百人则应是军直属部队、集团军直属部队、总部直属部队以及英国防空委员会人员，或训练机构兵员、军需库守卫人员等，还有海外军队的后勤人员。

5. 陆军须将这一百零六万四千五百名人员作为其人力资源。通过准确计算、巧妙节省人力、根据人力来源来改变编制，便有可能大幅度提高战斗力。除了这方面的主要人力储备外，陆军还可寄希望于士兵入伍，每年都会征募十八至十九岁的壮丁入伍。当各师协同持续作战，而伤亡惨重时——除非敌人入侵，这种可能性极小——方可让其进一步占用大不列颠的人力资源。也就是说，陆军可以将英国士兵的数字维持在目前的两百万左右，至于对他们的评价，则要看他们是如何高效派遣人员参加战斗的。

6. 在此期间，尽量将装甲部队的数量逐步增至十四个装甲师（若澳大利亚装甲师整编完毕，则为十五个师）。这当中包括了陆军坦克旅。如此一来，便需减去几个步兵师，到了那个时候，英国陆军将有十四个装甲师以及大约二十二个步兵师。陆军部和军需部则应以此规模来提出建议。

7. 不能把那三个东非师和一个西非师整编成高于旅的部队，其规模不能超过小型机动部队。

8. 如果我们打算从英国向我方中东陆军提供大量补给兵员，由于去往中东途中要取道好望角，因此此举是无法做到的。我方中东陆军主要是通过印度、澳大利亚和南非来获得补充兵员，日后可从美国获取军火。我们至多只能派三至四个英国师前往中东并驻扎在那儿。需考虑一点，鉴于魏刚将军始终不表态，我们为其提供的援助无须再超过六个师了。当然，即便我们派出军队对其实施援助，我们也可按自己的意愿行事。我们在西部战线所需提供的至多只是一个水陆两栖袭击部队（大多数是装甲部队），由八或十个师组成。在欧洲大陆，我们不可能对德国军队展开武装进攻。

9. 按照以上所提及的顾虑和整体形势来看，陆军除了可以抵御入侵，便无法在其他方面发挥主要作用。此任务只能交给海军和空军来完成。在较低一级的军事行动中，陆军可以在海外做出重大贡献，其组织和特性恰好适合此类特殊行动。

10. 以上指令对人力供应、弹药、军需等方面所产生的影响，都须估算一下。

1941 年 3 月 6 日

首相致韦维尔将军：

1. 一段时间以来，我始终都在思考，究竟该采用什么方法才能让你在行政管理方面的担子轻一些。毕竟你要指挥四场不同的战斗，还承担着不少半政治性和半外交方面的工作。

2. 之前的九个月中，我们曾将国内将近百分之五十的产量送至你处（除去坦克以及印度所得部分）。现在，你手底下有五十三万士兵要养活，还有五百门野战炮、三百五十门高射炮、四百五十辆重型坦克以及三百五十门反坦克炮。1—5 月间，你共获得了七千多辆机动车辆。抛开部队，单从新兵来看，我们从年初到现在已经送去了一万三千名士兵。距离南部战事结束已经两个多月了，部队因此能向北行军，可显然让你抽调一个旅，甚至一个营都不是件易事，你还经常来电抱怨称运输车辆太少，影响了你的行动。

3. 我想尽办法减少你的行政工作，以便让你将注意力全部集中在军事策略和军事行动上，从而帮助你取得战绩。在国内，布鲁克将军须指挥和训练一支庞大的军队，可他背后有陆军部和军需部。中东方面，也同样需要确定此类职务划分。不过你作为中东总司令，享有支配整个战区的最高权力。

4. 除了必要时做出变动外，以上所说的同样适用于空军和海军航空兵部队。

5. 由于航运紧张，我方对中东的增援无法达到我在数月前的期

许，再加上夏末和秋季敌军有可能来犯，总参谋部和本土部队司令部便十分吝啬。然而，从形势来看，我们希望在将来的四个月中，即6—9月，除了第五十步兵师外，会给你再送来一个步兵师和其他应用物资和装备，以供新兵和分遣队使用。鉴于此，针对秋冬两季即将展开的激战，可以编成以下机动野战部队：四个澳大利亚师、一个新西兰师、两个英印师（第四和第五）、两个南非师、英国第六步兵师——就地编成、英国第五十步兵师和新成立的一个师（共计三个英国师）。

眼下，第七和第二装甲师正在准备或整编过程中，此外，你还需尽力利用那个正改编为装甲部队的骑兵师，该师训练有素。这么一算，十五个师大约有六十万人。在不影响机动师的前提下，内部保安部队和后勤人员也须从这六十万人中抽调。

6. 日后，英印师均需从巴士拉开入，我希望将厄立特里亚、埃塞俄比亚和索马里交给非洲土著军队（除去调回西非的一个西非旅），白人武装则经常负责防卫工作。

7. 如果尼罗河集团军想继续在昔兰尼加和叙利亚对敌作战，则需更大规模的修配厂，此规模远超你之前所拥有的。不仅要提高埃及各修配厂的生产能力和效率，还要建造更多有适当港口设备的基地（比如，在苏丹港和马萨瓦）——或许可以使用阿斯马拉城，该城的建筑不错，以及吉布提港（等我们攻下之后）。在此期间，在我方的积极筹措下，印度政府将开始大规模扩充兵力，希望不久后，那里能调来至少六至七个师及其装备。

8. 鉴于这种情况，我希望由你指挥，设立一个机构，机构领导由一位高级军官"中东集团军总监"担任。这位军官的幕僚和下属众多，大多数从你手下的后勤人员中抽调。除此之外，还有一部分文职人员。这些人将如前文所述，代替你处理诸多事务，正如陆军部和军需部为布鲁克将军所做的那样。这位军官主要负责对后勤人员进行监督和管理，包括不属于战术部队或不在作战区域内工作的军事人员。

9. 罗斯福总统眼下正派来四十艘船只（除那三十艘挂着美国国旗

的舰船外），船上装着另一批从美国陆军生产部调出的两百辆轻型坦克，还有其他诸多重要货物（我将列张清单给你）。依我看，日后你方军队的军需品，大部分可能直接由美国分东西两路运来。我正设法筹划此事。

10. 因此，我们眼下正预备派海宁将军和飞机生产部的韦斯特·布鲁克先生坐飞机前往你处。海宁将军担任总监。在发给你的另一份电报中，陆军部会把给他的指令发过来。在其领导下，韦斯特·布鲁克先生负责港口和运输设备的发展，还有所有装甲车和机动车辆的接收、维护和修理工作。随其前往的，还有一些负责专门项目的顾问，如运输、港口发展和修配厂等。为了统一利用资源，他将和道森空军中将合作（道森空军中将负责皇家空军和海军航空兵部队相同性质的事务）。

11. 当务之急，海宁将军需要就地展开研究，并和你商量如何贯彻并正确解释以上所提到的总指示和政策，这些指示和政策均由英王陛下政府决定。待其到达后的两星期内，须将报告以电报的形式发回国内。希望大家对此没什么意见，但如果有分歧，我会立即解决。除此之外，我不允许在执行计划的过程中，（眼下必须逐步执行）出现执行不力或不周的状况。

12. 美国所提供的物资数量庞大，而且尤为关键，考虑到这一点，如果这些供应品没有了，便无法按照所需规模展开中东战事。因此，我已向罗斯福总统提出要求，允许其特使哈里曼先生及使团中的其他成员，即刻动身前往中东。我对哈里曼先生给予百分百信任，因为他和总统以及哈里·霍普金斯先生始终来往密切。唯有他才是帮助你的最佳人选。哈里曼先生有一到两名贴身助理，在此过程中，这两名助理表现得十分能干和热情。一旦美国的供应品大批抵达，而我们却没有有效措施来接收货物，也无法为将来制定大规模计划，情况将变得十分糟糕。除此之外，需要请几名美国工程师和机械师过来，维护并检修他们本国的飞机、坦克和汽车。我将哈里曼先生托付给你，希望你能多多照应他。他会向本国政府和我，即国防大臣，汇报工作。

1941 年 6 月 4 日

# 附录（2）

## 首相的个人备忘录和电报

### 1941 年 7 月

首相致希腊国王：

数月以来，战局紧张危险、令人忧愁，我十分挂念陛下。贵国在这人世变迁中所展现出来的态度令英国上下深表佩服。我国万众一心，誓死战胜敌人，诚挚地欢迎陛下莅临。我坚信，好日子来临之时，希腊所获得的无上荣誉将能弥补目前所受到的创伤。

1941 年 7 月 1 日


首相致伊斯梅将军：

德军正在大量使用火焰喷射器，此事情况如何？

1941 年 7 月 1 日


（即日办理）

首相致海军大臣和第一海务大臣：

我推测我方已经采取了有效措施来防止敌军通过海路增援叙利亚的维希军队，不知此事进展如何？

1941 年 7 月 1 日

首相致空军大臣：

我发现你们在五月空袭中实际只消耗了二千九百二十吨炸弹，这还不到今年第二季度每月消耗量的一半。按照这个消耗率，你们的炸弹存储量可供使用三十个月之久。

我们当然不希望你们在准备大量投弹时，弹药供给不足。但根据以上数字，你方可能需要重新估算你们的需求，主要是估算未来六个月的弹药储备需求。

除非你们保证一定能充分利用这一大批弹药，否则我们将会考虑转移部分弹药以作他用。

1941 年 7 月 1 日

首相致粮食大臣：

我很高兴看到你们没有按照原定计划来实施"鸡蛋计划"。我知道很难做到既增加食物总供应量，又能公平分配。我们不应该对那些通过自己的努力（劳动）来提高供应量的个人过于严苛。

肉类生产前景有所改进，这非常令人满意。我们敦促美国提高猪肉产量，我希望这能很快使我们提高配给量，而不必冒险降低配给量。

农民没有进口饲料也仍旧可以养肥牲畜，故而我们不要强迫农民屠宰他们辛苦养肥的牲畜，从而使他心生怨言；但是，我们当然也不能因为农民不愿意屠宰牲畜而使整个国家挨饿。毫无疑问，你们可以和农业大臣商量拟定一个计划（也许可以通过认真制定价格政策），尽可能保证肉类供应正常，不受季节影响。

至于小麦问题，我所担心的并不是我们的储存量，而是我们可能会进入一个恶性循环：人们因缺少肉类会多吃面包，因此我们不得不多进口小麦，这样就会减少其他食物的运输。我认为，今年敌军不太可能摧毁我们的收成。我们发现，敌军很难烧毁我们的农作物。如果你问问空军部，他们就会向你解释，为什么在雾气较浓的本国烧毁农作物比在欧洲大陆更难。

1941 年 7 月 2 日

首相致陆军大臣和帝国总参谋长：

若要一边进行战争，一边建立一支我们设想的那种大型装甲部队，那么我们的部队需要具备很大的灵活性，尤其是那些较为落后的部队。我们的军队编制是否适用于装甲部队，这一点还有待检验。装备齐全的连队组成"皇家坦克军团"的这种编制方法在作战方面和管理方面都更胜一筹。第七装甲师是一支训练有素、装备齐全的部队，可是打起仗来却"比不过一个旅"（实际上它有两个旅和一些其他额外的部队），从这里我们可以看出这种军队编制方法是多么的不合理。但是，有些部队已经完成整编逐渐壮大，装甲装备也齐全，当前的战争形势不允许对他们做出任何更改，导致局面混乱。而那些较为落后的部队，情况则大为不同。我们应该把这些部队组成旅，配备最先进的武器，并提高最新装甲车辆的比例，使之逐步发展壮大。我们还要关注它们的每个发展阶段，保证每个阶段都具有一定的战斗价值。我们或许不可能同时给所有的装甲旅都配备相同的装备，因此他们必须接受现有装备，并充分加以利用。比如，若在国内建立一个新的（或落后的）装甲旅，它首先应该接受剩余的所有装甲车辆或轻机枪战车，也应立即具备"旅的意识"。这些部队应该以团或旅的演习要求来进行训练，如同他们就是一个装备齐全的装甲部队。训练各种无线电讯服务的部队更应如此。情况紧急时，这些部队可以充作摩托化机关枪部队进行作战。如果坦克数量充足，则把坦克分配到各团作为发展主力，直至士兵们学会照管机动车辆，熟悉装甲旅的调动策略。这样，他们就可以把到手的坦克用来武装自己，这些坦克将来可以用新式坦克来替换或直接升级装备。因此，每个阶段都会淘汰一些不适合从事坦克工作的士兵，每个阶段都会加强坦克战术的指导，到了紧急关头，他们都能保持实际作战能力。

长期驻扎在巴勒斯坦的那支骑兵师情况特殊，它从未发挥其军事作用，故它的整编方法应有所不同。战争局势紧急，但如果条件允许，应该尽快把这支部队改编成两个旅，每个旅由三个坦克团、十二门摩托化野战炮、一个摩托化机关枪团和一些后勤部队组成。这两支装甲

部队应优先进行整编，至少其中一个要优先于所有国内落后的装甲部队。美国现已开始给我们运送轻中型坦克，如果这两支部队能够利用这些坦克率先从摩托化机关枪部队发展成为坦克部队，那将对我方十分有利。罗斯福总统已经通知我，除了即将到达的六十辆坦克和其他订货外，还给我们分配了二百辆轻型巡逻坦克，将在今后的几个月里用美国船只运送到苏伊士。毫无疑问，这额外的二百辆坦克应该成为这两个由骑兵师改编成为装甲旅的主要装备。各旅的其余部队可继续使用现有的装甲车或轻机枪战车。这额外的二百辆美国轻型巡逻坦克分配给这两个优秀部队后，可使他们发展成为两个精锐部队，将非常适合用于巴勒斯坦、叙利亚和伊拉克的战事。这种方法既比任何（其他）方法快速，又可发挥相同的战斗价值。

1941 年 7 月 3 日


首相致莫顿少校：

法兰西或摩洛哥的法国青年因为同情戴高乐而被维希政府判处监禁，请查明是否保存此份名单，以便日后照顾他们。

1941 年 7 月 6 日


（即日办理）

首相致帝国总参谋长：

1. 你和艾登先生奉命前往开罗执行任务，特别是负责调查中东军队的内部组织情况，已近半年。然而，很遗憾我们今天还是无法了解那边的详细情况。陆军部应当全局掌握所有作战部队的发展情况，而我若无法掌握全局也无法开展工作。

2. 我们要求每个师或旅每月上交一份他们的主要装备情况，这并不过分。如果一个合格的师长都不了解其部队每周或每日的装备情况，我简直不敢想象后果。

3. 鉴于数字每日变动较大，我们应当每月进行汇报，包括空军的详细情况。

海宁将军的指挥部本就负责把握全局，故而他们向我们汇报情况应该比较便利。

如果你认为我们收集报告只为统计数字，那你就大错特错了。如果不能清楚地掌握中东部队的最新情报，那么国防部或战时内阁则无法提出意见或做出决定。我们将继续处于无知或混乱的状态，造成无法想象的后果。如果你建议简化一些报告细节，我没有任何异议。但是，我必须了解所有重要情报。

请参看帝国总参谋长 1941 年 7 月 5 日的备忘录，该备忘录谈到首相要求就中东各部队的装备分配详情开列清单。

1941 年 7 月 6 日


（即日办理）
首相致陆军大臣：

为何无人向我们汇报近卫骑兵队、警卫骑兵队以及埃塞克斯义勇骑兵队曾参加了攻取巴尔米拉的战役？这些作战部队早就已被敌军识别，没有任何理由不把这个重要消息公之于众。

这样以军事秘密之名来滥用审查权力，当然会激怒国会以及媒体，导致我们更加难以立足。

1941 年 7 月 6 日


首相致粮食大臣：

看到你正准备向美国当局提供一份我们对猪肉和奶制品的总体估算，且你已向他们提出大量增加鸡蛋供应的要求，我非常满意。我相信，从美国获得的进口食物总量将会大于目前所估计的一百三十万吨。我方给予了相应通知，我相信没有配给管制限制的美方一定可以生产出更多粮食出口给我们。（美国每年猪肉产量的波动范围通常约为五十万吨）

我相信，我们正想尽一切办法从最近的地区获得我们所需的肉类。如果我们能提前通知并做出保证，我猜想阿根廷也许可以扩大他们的肉类生产量。

毫无疑问，食用油和油料要尽可能地从非洲获取，并用中东归来的轮船运送回国。但是，目前我们无法提供商船前往印度或太平洋来专门运输物资。

1941 年 7 月 7 日

首相致外交大臣：

以下情报应告知国防大臣，以便其了解情况。

此电由首相发来。亲启密电。电文如下：两周前，一位代理人（我们已证实）前来为我们和维希政府建立联系，我们如实地与他进行了交谈。以下是他 7 月 5 日发来的电文：

法国政府已给当茨将军发出以下总指令：

1. 英国占领叙利亚后，法国公务员必须留守岗位，联合自由法国军队继续履行职责。

2. 我奉命恳请你们认真对待此事。如果你方态度友好，定会留下良好印象。

3. 此事是我回国后我方政府表达的第一个愿望。如果没有得到贵方的良好回应，我未来的行动将会受到影响。

答复此事还需结合你正式提出的停战要求（这一点你非常熟悉）进行考虑。我们建议从以下几点来回复贝当和昂齐泽的代理人：

1. 英国无意占领叙利亚，一心只求战争获胜。

2. 阿拉伯独立是首要问题，任何事情都不能与其冲突。

3. 当前，戴高乐自然是暂时代表法国在叙利亚的利益。因此，他定会注意在不损害阿拉伯独立的前提下，法国在叙利亚享有所有欧洲国家中的最大特权。

4. 同时，还需想方设法缓和戴高乐追随者与法国追随者的关系。我们致力于阿拉伯独立，但是我们认为，法国可能企图战后在叙利亚获得如同我们在战争期间在伊拉克取得的地位。

5. 请务必记住：我们获胜后（我们一定会获胜）将会无法容忍阿

尔萨斯—洛林或任何其他法国殖民地脱离法国。因此，你自己需竭力想办法克服当前的困境，此时我们两国都困难重重。

1941 年 7 月 9 日

首相致伊斯梅将军：

以后"landing（登陆）"一词只用于海上登陆。空中登陆将用"descents（降落）"一词，今后官方电函一律采用这一术语。

1941 年 7 月 10 日

首相致本土部队总司并致伊斯梅将军，转参谋长委员会：

关于防伞降演习

据说黎明时分开始进行袭击。然而，这并不是指所有的降落伞和滑翔部队都会同时在黎明时分抵达。从法国、比利时和荷兰的基地调动一千架运兵飞机或其他飞机，这需要花费几个小时——至少四或五个小时，即相当于需要占用当前季节的所有黑夜时间。因此，由于路程较短，这些飞机可在夜间分批抵达（大约零点或凌晨一点），也可第一批于黎明时分抵达，其余飞机则在日间陆续抵达。按照后一情况，敌军将被我们的战斗机打得落花流水。毫无疑问，伞兵日间分批抵达不成问题。值得注意的是，德军从未试过在夜间降落。夜间很难找到精确的低空降落地点。

必须与空中参谋部就某些重要问题进行研究。如果是基于不真实或不可能发生的情况，就进行这种涉及多方的人员演习或研究，那则是毫无益处的。"一万两千名伞兵于黎明时分着陆，下一步怎么做？"这话很容易说出来，但是，如果没有对我所指出的那些调遣情况进行详细分析，那么这句话则没有任何意义。

小规模的袭击有可能更加危险。五百名亡命之徒毫无征兆地出现在空中，可能于日间，也可能于晨曦，降落于政府所在地的中心或附近。但是，他们会率先被无线电探向器发现，也会面临夜间被拦截、日间被消灭的严重危险。然而，突袭在战争中是常有之事，所以应当认真研究此事。如果研究发现存在一丝这样的可能性，那么无论如何都要确保政府及行政机构的各个中心获得安全保证，防止遭到这种突袭。最初一小时极为关键，而最初的十分钟又是关键中的关键。

如果本土部队能和空军参谋部商议，并就上述问题和建议向我做出明确答复，那我将不胜欢喜。研究两三天应当足矣。

1941 年 7 月 10 日

首相致本土部队总司并致伊斯梅将军，转参谋长委员会：

我们为了预防敌军袭击飞机场，所采取的战略和战术伪装现在进展如何？马利姆飞机场及其附近炮台所得到的教训，哪个机构正在总结？

显而易见，我们可从以下两个方面采取行动：

1. 掩藏真炮，暴露假炮，迷惑敌军。每门真炮可使用两至三门假炮甚至更多来掩护。

2. 最佳伪装办法就是使炮兵阵地复杂多变，让人眼花缭乱，难辨真假。

袭击早期阶段，哪些特定炮台暂不发炮，想必你们也正在研究。

盼望下周六能收到一份报告。

1941 年 7 月 10 日

首相致爱德华·布里奇斯爵士：

请找出国会关于生产问题的那两日辩论记录，摘抄所有与政府部门相关的段落，送交各部，并要求他们于 7 月 19 日前作出答复。

同时，也请摘抄所有与集中指挥战事相关的段落，交我阅览。

我认为他们提出了很多好的论点。

1941 年 7 月 11 日

首相致空军大臣：

虽然去年冬天敌军的无线电波束轰炸因我方干扰而失效，但是敌军似乎正使用改良的无线电接收器重新装备其所有轰炸机，并希望明年冬天可以通过其众多的无线电射束站来攻破我们的防御措施。

　　当然，使用无线电无法阻止敌军在明亮的月夜中发现和轰炸如考文垂和伯明翰这类目标。但是，在这种时候，我们的正常夜间防御应该最为有效。黑暗多云之夜是我们的主要危险时间，故我们应该做好一切准备来应对敌军的无线电波束轰炸，其位置和波长我们现在都已知晓。

　　据说所需装备和普通商业设备相差不大，所以即使我们这里无法制造，也仍能从美国方面获得。一切应在秋季之前准备妥当。现在情况如何，我们现有何措施来应对敌军的新武器，望告知。

1941 年 7 月 11 日

首相致粮食大臣：

　　得悉我们向美国"请购"的粮食数量远远大于你 5 月份提交的报告，我深感欣慰。我知道我们计划所需的数量远大于这个"请购"数量。我相信，只要我们给予足够的准备时间，美国是能够生产或想办法提供我们急需的一大部分食物。如果我们能够缩短运货的航程，那么所需的运输船舶则已足够。

　　我现在唯一担心的是，你提出的猪肉数量是否足够。美国可能无法向我们提供牛肉或羊肉，但可以迅速扩大猪肉生产量。如有必要，可以使用无冷藏设备的船舶运送。

1941 年 7 月 12 日

首相致飞机生产部、查尔斯·克雷文爵士、空军大臣、空军参谋长（由伊斯梅将军加以补充或在一星期内提出关于进展的报告）和彻韦尔勋爵：

　　1. 根据飞机生产部提出的各项新计划，今后的十二个月或十八个月内，飞机生产数量将处于停滞状态，我对此无比忧虑。我知道后期生产部会致力于新产品的生产。我曾提出，使用生产每一种型号飞机

的所需工时来计算这些数字，按照这种算法，从现在起至今后的十二个月，英国的生产量约增长百分之五十。再加上美国的产量，所以无论从飞机数量，还是从工时来计算，总量一定会增加，1942 年 7 月与现在的产量比例将为一点七五比一。

2. 可我认为这还不够。我们估计德国的月产量为二千一百架，也就是我们在 1942 年 7 月以前必须要保持的月产量，实际上 1942 年 7 月以后也要保持这个数量，只是不包括新产品产量。我们可以猜想，德国人可能也会使用工时来计算飞机数量，从而增加信心。他们可能还会改进飞机大小，提高飞机质量。总之，根据我现在看到的数字分析来看，在今后的十二个月内，英国和德国的飞机制造数量相差无几。我们要想增加总量，只能指望美国为我们生产的那一部分了。另外，飞机生产部还曾提出预警，估算的总量也许会减少百分之十五。

3. 我们不能满足于上述现状，因为根据上述情况，我们将无法获得取胜的决定性优势。因此，我希望重新检查这些计划，相关部门的最高当局探讨以下三种扩展方法，以及其他建议。这三种方法如下：

（1）加速机床操作，延长运转时间，或飞机生产部能进行的其他措施。

（2）建立新工厂和装配厂，或重新使用因疏散而撤空的工厂。鉴于我们对英国的日间制空权正逐渐加强，夜战设备也有所改进，此方法估计可行。

（3）重新分类轰炸机制造计划，保证能按时交付大量性能优越的各类飞机。

战斗机必须继续保持优势，故可能急需改变其设计。未来的十二个月，大部分轰炸机作战将比较稳定，范围也比较适中。适用于远程、高空或日间作战的轰炸机虽然仍须改进，但是大部分轰炸机主要用于夜间执行任务，比如飞往鲁尔地区或其他附近目的地进行投弹。由此可见，空军部似乎可以把任务分成近距离和远距离两类。根据这种划分，有些尚未达到最大产量的优良产品线则可在高峰期延长工作时间，这样就可以增加数量了。例如，新式飞机"布莱克普尔·韦林顿"式远程轰炸机将于 11 月达到生产高峰期，此时就可以采用这种做法，但也只能维持六个月。如果高峰期能持续十二个月，那从 11 月起，交货量或许会有较大的提高。

4. 每月轰炸德意境内的合理预期目标所投放的炸弹吨数，是我们衡量轰炸机实力的标准。空军参谋部拟定生产计划时，是否根据这个标准来确定生产数量？也许生产载弹量更大的新式飞机，效果更佳。但是，凡是足以装载两吨炸弹前往鲁尔地区的飞机都应该继续长期生产，直到舍弃该类飞机为止。当然还有其他例子。鉴于频繁更换生产品种会产生重大损失，因此我要求飞机生产部重新研究他们的计划。

5. 实际上，新计划的数量低于 3 月份的，也远远低于（1940 年）10 月份的数量。然而，根据 10 月份的要求，已经开始大量存储生产材料。所以，如果一切进展顺利，那么生产数量应该会大大上升。空军部应该说明这个最新计划与未来十二个月的试点生产如何相吻合，既考虑到了如何减少损失（经验证明这是可行的），又考虑到了（为了匹配飞机）逐渐增加的飞行员数量。计算炸弹、炸药、大炮以及所有附属物品的所需数量，不仅要考虑到现有计划，也要考虑到必要的扩充计划。无论如何，原则上我们要保证，截至 1942 年底，我们的空军实力将比德国空军强两倍。如果现在就重新努力奋斗，这不是不可能的事。既然现在也没有提出其他取胜的方法，至少可以考虑一下这种办法。

1941 年 7 月 12 日


首相致空军大臣：

国内安全部对德国烈性炸弹的效果进行了研究，结果证明，爆炸气浪比爆炸弹片的破坏力更大，前者可摧毁建筑物等，后者只能袭击少数有效目标，且夜间大部分人都有掩护，效果更微。

烈性炸弹中的炸药比例越大，爆炸气浪就越大。金属弹壳越重，弹片就越多。

我们普通炸弹的炸药和壳重比率约为三十比七十。德国人则使用

更大的比率，约为五十比五十。这类炸弹摧毁城市效果更好，而且成本也较低。

　　既然空军部现已要求增加产量，我们就应当重新考虑炸弹中炸药与壳重的比率问题。

1941 年 7 月 16 日

首相致空军大臣：

　　如能简短向我汇报一下仪表着陆系统，说明皇家空军使用该设备已达何种程度，我将不胜感激。

1941 年 7 月 16 日

首相致爱德华·布里奇斯爵士：

　　我们改进了分配原则，处理事情也越来越能分清轻重缓急，但我感觉国会似乎对此还是不太了解，故请简短向我汇报一下此事，不超过一页纸。实际上，我认为我们现在很少讨论优先问题了。它有时可能成为讨论的焦点，但总体而言，难道现在不是一切都进展顺利吗？例如，我们根据心理学，把最高优先权适当地调整到了坦克生产问题。目前，优先问题已变成了如何打破难关。谁也不能摈弃其他人而独享优先权。近来并无冲突。请周五前对此大胆发表意见。

1941 年 7 月 17 日

首相致伊斯梅将军，转有关各部：

　　为何 6 月份毒气容器会减产？从一千五百吨降到五百吨，这实在令人震惊，而且也与内阁过去几个月发出的指示背道而驰。谁应负责？现应优先制造、存储大量毒气并装罐，竭尽全力去补救。

　　请告知我究竟谁应对此负责。

　　随时有可能追究责任。请准备好报告以便下周内阁进行讨论。

1941 年 7 月 17 日

首相致内政大臣：

我想对此次判决（艾尔西·奥林小姐对两名士兵说：希特勒领导有方，比丘吉尔先生更胜一筹，她因此而被判处五年徒刑）发表一下个人意见：她的言论虽恶毒但并无阴谋，这种处罚未免过重。我国法规不会支持如此不合道理、违背人性的判决。我认为这种做法有点过分，可能会适得其反。

1941 年 7 月 19 日


（即日办理）

首相致第一海务大臣和伊斯梅将军，转参谋长委员会：

我强烈反对让这艘（"格伦"式）军舰回国。我们当初虽然极不情愿，但还是派出了这三艘军舰绕道好望角前往中东，旨在进行"下颚"计划以及进攻其他岛屿。突击队员已经零星分配完毕，突击队现也已解散。最近的中东政权并没有联合进行军事行动的趋势。我们没有设立联合作战指挥部，仅有一个委员会，没有影响力。但是，我们不能排除未来需要登陆的可能性。其他两艘"格伦"式军舰正在修理，故而让这艘离开实在非明智之举。因此，我希望三军参谋长全面考虑此事。

1941 年 7 月 20 日


（即日办理）

首相致空军参谋长：

3 月份大西洋战役爆发时，根据指示，空军海防总队获得了一大批特殊增援设备。据我所知，为了贯彻这个指示，所有最近美国提供的 B24 空中堡垒①都分配给了空军海防总队。美方认为这些飞机非常适合用于轰炸柏林等城市。霍普金斯先生曾向我询问它们的用途，他们似乎感觉由于我方没有人手，闲置了这些轰炸机。我正努力改变他

———————————

① 一种四引擎重型轰炸机。——译者注

们这种看法，但是从全局出发，我认为使用这些轰炸机去轰炸德国倒不失为一个良策。此外，空军海防总队还获得了六十五架"卡塔利娜"式远程轰炸机，若干"桑德兰"式水上飞机，实力大增。最近战果连连，而且美国占领了冰岛（此事将由第一海务大臣告知），影响较大，这些都有利于缓和大西洋战役的局势。

请发表你的看法。

轰炸机司令部的总司令说他人手短缺，并未扩充力量。

1941 年 7 月 21 日

首相致伊斯梅将军，转参谋长委员会：

我希望尽早整编中东的突击队。与其任命一个并无多大权威的委员会军官来掌管，不如任命莱科克陆军准将为联合作战指挥官。三艘"格伦"式军舰、联合作战指挥官以及他的部队，都直接由坎宁安海军上将接管。坎宁安海军上将负责统筹联合作战事宜，包括海上运输，但人数不得超过一个旅。中东司令部的确没有好好利用，浪费了这支宝贵的军队。

1941 年 7 月 23 日

首相致伊斯梅将军：

请你用一页纸写明支援马耳他的部队实力与详情、军需品情况，以及马耳他守军的实力。

1941 年 7 月 25 日

首相致雅各布上校：

请向我简略汇报一下我们的步枪生产情况。1939 年 9 月的预产量是多少？结果如何？轰炸损失了多少？1941 年底的预产量是多少？

1941 年 7 月 25 日

前海军人员致罗斯福总统：

1. 我已获悉你关于坦克制造计划的函电，非常感谢。接下来的数月较为关键，我们的坦克数量得以增加，此乃好事。关于长期策略，根据我们的以往经验来看，现代战争需要重型武装和装甲车辆，因此，我们应考虑减少轻型坦克，而增加中型坦克的产量，当然前提是不能影响你的空军计划。

2. 你建议我们把坦克部队的士兵送到美国训练，我对此项提议颇有兴趣。我们正在研究此事，一定尽快告知我方意见。

3. 我们一直在思考我们的作战计划，不仅包括 1942 年的，也包括 1943 年的。我们保证重要基地获得安全保障后，就有必要开始大规模地规划取胜所需的兵力了。总体而言，我们首先必须加强封锁和宣传工作，其次是不间断地空袭德国和意大利，且日益加强袭击力度。仅靠这些措施就可能导致敌人内部混乱或崩溃。然而，我们还需提前做好援助计划，等时机成熟，部队就能登陆解救被困人民。为此，我们不仅需要大量坦克，还需大量运送军队到海滩上登陆的船舶。你们正在建造大量商船，如果把其中的一部分进行改装，用作坦克登陆快艇，这对你们而言应该不是难事。

4. 如果你同意这种打败德国的总体构想，我们必须立即考虑下列两件事：

（1）针对主要作战武器如飞机、坦克等的共同需求量，双方拟定一致的预算数量。

（2）然后思考如何联合生产满足这些需求。

5. 同时，我建议伦敦的联合参谋部应尽快展开第（1）项工作，随后技术专家们展开第（2）项工作。

1941 年 7 月 25 日

首相致伊斯梅将军与霍利斯上校，转参谋长委员会：

请高度重视本土部队总司令的提议，他建议大量增加机动高射炮尤其是低升限的炮，以便配合野战师作战，补充步兵部队和装甲纵队。

德国人经常把他们的高射炮布置在前方，这种做法非常正确。大军没有"博福斯"机动高射炮的掩护，就不应该集合或前进。

请问那二百一十八门炮是否会这样部署？如果是这样，那么做法很合理。如果不是这样，那么我希望三军参谋长考虑一下这种部署。

对于其他方面，我完全同意你们提议的调动方法。

1941 年 7 月 26 日

首相致粮食大臣：

我知道你正在考虑，如果需要实行次要食品配给制，则采用一种灵活的票券制度。根据这种制度，票券可以用于购买多种货品，而且也无须到指定商店登记。虽然固定的配给制度或许更易管理，但是合理的消费者自由选择制度似乎更好。个人喜好可以使用巧妙的办法来满足。此外，你有权改变各种商品的（现金和票券）价格，这样你就可以完全控制住需求量。

因此，如果你认为必须扩大配给范围，那么这种灵活的票券制度似乎就值得推崇。我希望很快就能收到你对此事的意见。

1941 年 7 月 27 日

首相致枢密院长、劳工与兵役大臣及陆军大臣：

越来越多的事实证明，二百一十九万五千人无法满足陆军的需求，需尽快予以增加；陆军大臣现正仔细研究他的额外需求。

因此，奉战时内阁之命人力委员会必须火速全面检查此事。我希望，一搜集到主要事实，无须等到做出全面报告，枢密院长与其他有关大臣就进行商讨，基于人力的总体形势，优先考虑陆军的额外需求，并报告满足这些需求的必要措施。

1941 年 7 月 27 日

首相致飞机生产大臣：

我殷切希望在两周内收到惠特尔设计的喷气飞机引擎试验成功与

否的消息。我希望试验成功，但我从你这里了解到，目前正使用涡轮叶片。我们绝不能因为设计师想要进行新颖设计而耽搁了时间。明年夏天敌人可能开始进行高空轰炸，请竭尽全力在此之前把这些飞机编成中队。

1941 年 7 月 30 日

首相致伊斯梅将军：

我需要大量关于苏丹港、马萨瓦（红海海岸正在兴建的新港口）、阿斯马拉、巴士拉、托布鲁克等地的照片。

1941 年 7 月 31 日

### 1941 年 8 月

首相致枢密院长：

我听闻有这样一项提议：汽车车主如果获得了补充配给汽油，但是没有进行行程记录，则将构成刑事犯罪。

如果所犯过失并不引起民愤，也不易被人察觉，而且处罚方式也多种多样，但仍判成刑事犯罪，增加刑事犯罪数量，那么这种做法实乃失策。因为没有记录汽车行程就被判为刑事犯罪，就属于这种做法，尤其是这件事情只涉及我们二十五分之一的汽油消耗量。

我听闻还有另外一项提议：汽车车主如果没有记录里程，那么将遭受扣发和减发补给配给额。难道这种办法还不够吗？

1941 年 8 月 9 日

首相致进口管理委员会：

我听闻，美国近期将移交新一批的船舶给我们，进口委员会为此正在商量货运问题。不管是美方还是我方的航运有所改善，其首要之事是要充分利用获得的所有船舶吨位，以便补充物资来增强我们的战斗力，给人民提供健康营养的食品。

装船货物必须提前准备就绪，一旦船只就位，立即装运。请马上

拟写一份报告，说明我们如何通过增加订货、通过在运输港口附近增加储备库存来实现这一目的。

我听闻你们下半年计划进口七十四万八千吨软木，四十二万两千吨硬木。这些数字远大于近期大西洋战役会议提及的数字。进口如此大宗的木材，是不是因为没有其他货物可运？农业大臣是否获得过进口其他物资的机会？比如，进口五十万吨玉米（美国可提供），我们将能够继续维持现有的养鸡数量。

1941 年 8 月 9 日

首相致海军大臣、空军大臣和飞机生产大臣：

1. 说来真是令人郁闷。你们阅读完备忘录就知道，按照约定，从4 月份开始我们每月将获得二十架折叠翼的"格鲁曼"式战斗机，但是至今为止，我们一架都没收到，而且还告知我们将按照海军大臣 7月 26 日提交的备忘录进行办理。

2. 我认为，首要之事是给"胜利"号和"皇家方舟"号提供六至十二架"格鲁曼"式战斗机。在地中海作战的航空母舰，尤其需要这些战斗机。使用这些快速的战斗机与敌军交战，必能出乎敌军意料，大大缓和形势。

地中海上一艘航空母舰所执行的任何任务，都不比如何减少敌军对我们的海上袭击重要、紧急。这些战斗机哪怕只能在航空母舰四十到五十英里的范围内飞行，它们也能完成一切必要任务。我们必须使敌军认识到，只要靠近由航空母舰护航的任何一艘船只，他们将受到等同于陆地战斗机的猛烈轰击。

3. 目前地中海东部地区并没有航空母舰，所以我们现在没有必要派遣折叠翼"格鲁曼"式战斗机前往。目前分配给了英国的 8 月、9月和 10 月份的"格鲁曼"式战斗机定额（共二十二架），加上目前分配给了中东的 9 月和 10 月份定额二十四架，总共四十六架，这些都应全部运送到英国来装备我们的航空母舰。10 月份以后再来商定分配给中东地区的定额。

请每月向我汇报配备了"格鲁曼"式战斗机的航空母舰的情况。

4. 我们何时才能收到下一艘新航空母舰"无畏"号？

5. 除非有人反对我的意见，否则立即发布以下命令：

请将 9 月份和 10 月份的十二架折叠翼"格鲁曼"式战斗机运送至英国，而不是（重复一遍，不是）运送至中东。

1941 年 8 月 16 日

首相致伊斯梅将军：

突击队

1. 我已和奥金莱克将军商定，三艘"格伦"式军舰全都留在中东，并尽快改装成为两栖作战的舰只。

2. 突击队应尽可能地启用志愿军，以及愿意回归原来岗位的老队员（现已分散在各个部队）。莱科克旅长应被任命为联合作战指挥官，负责指挥工作。

3. 联合作战指挥官和突击队应直接听命于奥金莱克将军，取消我先前提出让他们听命于海军总司令的建议。

1941 年 8 月 16 日

（即日办理）

首相致帝国总参谋长和伊斯梅将军，转参谋长委员会：

我觉得更重要的是设法利用冰岛作为高山部队的训练场，而不是设法削减冰岛的军队。你与其撤走炮队，不如给他们配备几门山炮？很多士兵在冰天雪地里进行山地作战训练，他们需要雪橇、雪鞋等训练装备，请就此拟定一个详细计划呈交给我。如今又有更多美国人到来，训练工作更容易开展。我认为，高山部队是我们军队的一项重要特色，请大力展开这项工作。

1941 年 8 月 19 日

首相致空军参谋长：

非常感谢你的详细说明①。虽然飞行员们犯了错误，但是也不能责怪他们，要怪也是怪我们的体制。空军和地面部队之间缺乏有效和紧密的联系，说明我们有必要对此大力改革。空军部应大力协助满足陆军部的需求。空军资源日益增加，故而空军有责任来满足陆军的需求。我想请你保证，一定尽全力消除战争中这些不必要的事故。我们对此事既往不咎，但是，如果日后陆军再受到不良待遇，那么空军部就难辞其咎了。

1941 年 8 月 19 日


（即日办理）

首相致军需大臣：

我指示彻韦尔拟写了一份（关于毒气和毒气武器的）报告，详情请阅览附电。大规模毒气战一定会有，我们必须对此做好准备，它随时可能爆发。请阅览之前对芥子气生产的严格限制，以及对此的解释。空军部为何停止了二百五十镑炸弹的装药工作？这种做法毫无远见，而且也违反了内阁的许多决议，内阁本指示你们要最大限度地生产毒气，或装罐或存储。

我请你亲自关注这一点。整件事情虽危险万分，但至关重要。

1941 年 8 月 20 日


首相致枢密院长：

我实在无法相信我们有何必要把（汽车车主必须记录里程）这种额外义务强加给公众。人们越来越不耐烦也是事出有因的，因为填写的表格越来越多，越来越多官员因此而安身立命。如果你认为自己没有办法来实现你的目标，那么请把它提交给内阁吧。

1941 年 8 月 20 日

────────────

① 指关于第二装甲师在 1941 年 3 月和 4 月从昔兰尼加撤退期间的行动的解释。

首相致印度事务大臣：

当然要发出邀请函，不过前提是你要来会见昂山。

（这里讲的是艾默礼先生的一份备忘录，里面谈及缅甸的情况以及缅甸总理昂山请求访问英国。）

1941 年 8 月 20 日


首相致第一海务大臣：

请用一张纸列出日本现役舰队和小舰队、建造日期以及现已建成的舰只。

1941 年 8 月 25 日


（即日办理）

首相致农业大臣：

我听说粮食歉收。现在情况如何？圣斯威辛节过后的四十天也已结束，如果天气转晴，你预测情况会不会好转？唉，现在言之过早了。

1941 年 8 月 26 日


首相致生产管理委员会：

我非常担忧现在用于修建工厂的大量人力和原材料。建造工厂和房屋，计划每年使用进口材料（铁、钢和木材）二百二十五万吨，雇用七十五万人力。

现在不是不允许修建新工厂了吗（特殊情况除外）？许多现有工厂仍处于半开工状态，是否可以在这方面节省开支？可否把建筑材料用于修建旅馆和便利设施，而把多余劳动力转移到现有工厂呢？

部队提出的要求一般会大于目前所需或目前可用资源，所以也要尽量节约。

对于那些浪费进口材料的建筑设计，我相信总有办法不批准它们的申请。

请告知我你们采用什么措施来确保：

1. 哪些新工厂或建筑工程是必须修建的；
2. 这些工程的计划和设计都非常经济可行；
3. 充分发挥了建筑工人的作用。

1941 年 8 月 26 日

首相致空军参谋长：

空军部过去对陆军部和海军部发出的特别请求，很少有完成的，表现极度不配合，这一点我非常赞同。海军得以在战前成功撤离，但陆军却没有得到合理的空中支援。从某种程度上说，需要扩充皇家空军确实至关重要。既然目前这种需求得以缓解，我希望你们开始解决陆军愤愤不平的问题。

很多人认为，我们没有发展俯冲轰炸机的原因是，空军部担心同陆军部进行这类特殊武器的合作，可能会需要设立一个独立陆军航空部。

上述情况都是你任职前发生的，但是我们至今还深受其影响。

1941 年 8 月 27 日

首相致外交部：

请简要说明一下为何暹罗会自称为泰国。这两个名称各有何历史价值？

1941 年 8 月 27 日

首相致伊斯梅将军，转参谋长委员会：

多种迹象表明，德军正向摩尔曼斯克移动。我们上次空袭失败，虽然没有发现德国运输舰，但是目前敌军似乎有相当多的船只在移动。我们现在有何应对办法？真的确定北方无法采取任何行动了吗？我方两个飞机中队何时抵达摩尔曼斯克？海军能不能采取什么行动来阻止德军调动？

1941 年 8 月 27 日

首相致财政大臣：

　　我们本国或在南非实际还有多少黄金？不必担心，我不是找你索要东西。

1941 年 8 月 28 日

首相致爱德华·布里奇斯爵士：

　　1. 哈考特·约翰斯通先生将主持一个由相关机构代表组成的各部联合委员会，旨在目前敌军空袭间歇期，拟定一个最佳的灯火管制计划：

　　（1）对战时提供紧急服务的车辆放宽；

　　（2）对工厂和港口放宽。

　　目的是保证最大化地生产战时物资。

　　2. 这个委员会还需考虑以下事项：

　　（1）对哪种车辆放宽灯火管制；

　　（2）灯光应减弱至何种程度，车辆才能合理行驶；

　　（3）军需部、飞机生产部和海军部对哪些特定路线和特定区域需要放宽灯火管制；

　　（4）若需根据敌军行动在某个区域或全国恢复到当前状态，如何快速恢复。

　　3. 该委员会还需在一个星期内向首相提交报告。希望各部门为了公众利益，尽力合作。拟定的最佳可行计划需视为一项技术研究，并不能要求各部门的有关领导人一定采纳。出于总体政策考虑，这项计划还需呈交给战时内阁的委员会。

1941 年 8 月 28 日

（即日办理）

首相致陆军大臣：

　　我必须请你注意（国内）巡逻坦克的情况。事实上，四百零八辆坦克中，本周不能作战的坦克已经超过了能作战的。显然，这个数字

以及其依赖的体系需要大力整顿。每周废弃坦克的数量越来越多了。

请告知我此事应由谁来负责，以及你准备如何解决。

1941 年 8 月 29 日

（即日办理）

首相致空军参谋长：

日间出动十七架"伯伦翰"式轰炸机袭击鹿特丹港的商船和船坞，结果损失了七架，这个损失极为严重。如果是去袭击"沙恩霍斯特"号、"格奈森诺"号或"提尔皮茨"号，或南下的黎波里的运输船队，那么这种损失尚可接受，因为不但击伤了敌舰，还实现了战略上的目标。但若是去袭击这种无关紧要的商船，这种损失未免过于惨重。本月，我们的轰炸机损失严重，而轰炸机司令部又没有如我们预期那样进行扩充。我很钦佩飞行员的勇气，可我希望他们不要急于求成。建议选择一些比较容易袭击的目标，既能重创敌军又能安全返航，少选择一些伤亡较大的目标。

请向我汇报 8 月份所有报废的轰炸机总数（包括陆地坠毁）、飞机生产部提交的轰炸机总数以及制造和进口的总数。

1941 年 8 月 29 日

（即日办理）

首相致空军参谋长：

关于增强中东地区夜间战斗机的防卫力量一事，进展如何？我认为敌军绝不会赶得上我们的新装备，但是亚历山大、苏伊士和苏伊士运河等地至关重要。

请向我简短汇报此事。另外，关于夜战前进梯队的计划、组织和供应等具体事项的拟定工作，派尔将军或许能帮得上忙。这一切事宜都事关重大，请速速办理。

1941 年 8 月 30 日

首相致空军参谋长：

苏德战争中，击毁德军飞机预计约一千七百架，这个估算还应考虑到辛格尔顿第二次调查各战场英德飞机的相对数量。

如果方便，请将研究结果告知。

1941 年 8 月 30 日


首相致空军副参谋长：

非常好。

飞行员袭击鹿特丹和其他目标所展现的奉献精神与勇气，实在是值得歌颂。轻装旅在巴拉克拉瓦冲锋陷阵，但同这几日的丰功伟绩相比，他们就相形见绌了。

请向轰炸机中队转达我的赞扬，如你认为合适，也可以公布。①

1941 年 8 月 30 日


首相致伊斯梅将军，转参谋长委员会：

我虽然对当前的炸药现状比较满意，但我认为我们不能停滞不前。因此，我认为应当按照彻韦尔勋爵的提议展开行动，由内阁大臣约翰·安德森爵士来负责。②

如能告知参谋长委员会的意见，不胜感激。

1941 年 8 月 30 日


首相致第一海务大臣：

如果时机合适，且舰船也安全归港，请代我向海军部作战参谋处、贸易处、西部海口总司令、空军海防总队以及其他相关部门表达我的赞扬之情，上周他们小心、巧妙、灵活地组织大量船只穿过了德国潜艇集中区。

1941 年 8 月 31 日

---

① 这封信是回答关于"伯伦翰"式轰炸机袭击鹿特丹港内船舶的一个备忘录的。
② 这里指的是进行原子弹研究的早期计划，英国用"合金管"来称呼这种研究。

首相致新闻大臣：

1. 不知我们修建的（可超越外国广播的）大型广播站进展如何？此事已耽搁了很久，但据我所知，这事以前可是重中之重呢。请用半页纸向我简短汇报此事。

2. 我认为有一点非常重要，即德国入侵苏联的影片应该在英国公映，而且也应送到美国。怀南特先生也赞同后一做法。上周我曾给你发了一封电报，我认为最好在放映大西洋会议及冰岛等影片的前十分钟播放德国的种种暴行。不知此事进展如何？

3. 冰岛人民是否拥有他们国家的影片副本？

1941 年 8 月 31 日